Anselm Grün

Ein Weihnachtsengel strahlt für dich

Freude für die Adventszeit

Editorische Notiz:
Die Texte dieses Buches erschienen zuerst unter dem Titel
»Das kleine Buch der Weihnachtsfreude«.

Neuausgabe 2023

www.herder.de

Umschlagkonzeption: Verlag Herder
Umschlagmotive: © Adyna/GettyImages
Satz und Gestaltung: Chris Langohr Design, March

Innenillustrationen: © alla_line/shutterstock.com, anna_ku/shutterstock.com, Askhat Gilyakhov/shutterstock.com, Beststock Productions/shutterstock.com, betris/shutterstock.com, DODOMO/shutterstock.com, Eva_art/shutterstock.com, Haali/shutterstock.com, juliawhite/shutterstock.com, juliawhite/GettyImages.de, Keya/shutterstock.com, LuckyStep/shutterstock.com, Lyudmila Babiichuk/GettyImages.de, Na_Studio/shutterstock.com, Nadejda Emelyanova/shutterstock.com, NadzeyaShanchuk/shutterstock.com, natka_u_a/shutterstock.com, NikVector/shutterstock.com, Olga Rai/shutterstock.com, Olha Furmaniuk/GettyImages.de, OneLineStock/shutterstock.com, Sahs/shutterstock.com, Sell Vector/shutterstock.com, sergeichekman/GettyImages.de, Simple Line/shutterstock.com, Singleline/shutterstock.com, svetalik/shutterstock.com, tetiana_u/shutterstock.com, timonko/GettyImages.de, tutsi/shutterstock.com, Valenty/shutterstock.com, Yanina Nosova/shutterstock.com, ZhAnStudio/shutterstock.com

Herstellung: Graspo CZ, Zlín
Printed in the Czech Republic

ISBN 978-3-451-03430-5

Anselm Grün

Ein Weihnachtsengel strahlt für dich

Freude für die Adventszeit

Herausgegeben von Anton Lichtenauer

HERDER

FREIBURG · BASEL · WIEN

Inhalt

Vorwort

In einem Brief, den Rainer Maria Rilke 1925 kurz vor Weihnachten an seine Mutter schreibt, erinnert sich der Dichter an den Heiligen Abend seiner Kindheit. Er beschwört die gespannte Erwartung in den Augenblicken vor der Bescherung wieder herauf, die Erinnerung an das festliche Läuten der kleinen Glocke durch den Vater: »Ich glaube, alle Freuden meines Lebens haben diese Stimme gehabt, so wie alle, zu welcher Zeit des Jahres sie mich auch treffen mochten, an Weihnachten denken ließen: So sehr ist jene Erfüllung, jene Reihe von Erfüllungen, die ich einst unter dem strahlenden Christbaum vorfand, atemlos, mit bis in den Hals klopfendem Herzen, maßgebend geblieben für alle Beschenkungen später des Lebens!«

Rilke spricht vom Schutz und Glanz des Festes und von einem Jubel, der ihm die Erfahrung der Engel geschenkt habe. Wir alle haben unsere Erinnerungen an dieses Fest, Bilder, die vieles überstrahlen. Wir alle erinnern uns, wie intensiv wir als Kinder Weihnachten gefeiert haben. Die damals erlebte Freude hält bis heute. Sie hat die Tiefe unseres Herzens und unserer Seele berührt. Geheimnisdurchtränkt scheinen diese Erinnerungen aus dem Land der Kindheit in unsere Gegenwart. Ich selber kann mich noch gut daran erinnern, wie wir als Kinder am Heiligabend auf das Christkind, auf die Bescherung gewartet haben. Es war eine eigenartige Spannung. Wir gingen mit dem Vater durch die Dunkelheit spazieren, sahen in den Häusern überall Lichter brennen. Wieder daheim, mussten wir in den Schlafzimmern warten, bis die Weihnachtsglocke läutete. Es war ein wunderbar geheimnisvolles Erleben, in das nur mit Kerzen beleuchtete Wohnzimmer zu gehen und den geschmückten Baum zu sehen. Dann las der Vater das Weihnachtsevangelium, und wir sangen das Lied »Stille Nacht«. Da warfen wir schon verstohlen einen Blick auf den Gabentisch, um zu erahnen, was da wohl in Weihnachtspapier gewickelt für uns bereitlag. Kindliche Situationen prägen sich tief in die Seele ein. Wir fühlen uns auch später immer dann daheim, wenn diese Gefühle von früher wieder angesprochen werden. Vermutlich ist nicht nur bei jeder Erfüllung, wie Rilke meint, sondern auch bei jedem intensiven Warten eine Spur des weihnachtlichen Wartens dabei, die Ahnung, dass unser Leben durch das Kommen eines Menschen oder eines Ereignisses heller und heiler wird.

Diese tiefen Erfahrungen, die sich mit Weihnachten verbinden, sind auch ein Grund dafür, dass wir uns auf dieses Fest immer wieder neu freuen wie sonst kaum auf ein anderes. Es ist viel mehr als Sentimentalität oder nur ein romantisches Gefühl.

»Alle Jahre wieder« heißt es in einem Weihnachtslied, das nicht umsonst Kinder besonders lieben. Alle Jahre wieder feiern wir Weihnachten – als Erwachsene ebenso erwartungsvoll und mit der gleichen Freude, wie wir es damals als Kinder taten. Wir wissen als Erwachsene natürlich sehr viel mehr darüber, was dieses Fest bedeutet. Und trotzdem kommen wir mit dem Geheimnis von Weihnachten nie zu einem

Ende. Immer wieder und immer neu werden Emotionen wach. Weil dieses Fest unsere tiefsten Sehnsüchte anspricht, wollen wir uns immer wieder neu in sein Geheimnis vertiefen, uns klarmachen, was es uns bedeutet. Wir erinnern uns an dieses Fest in unserer Kindheit – und spüren zugleich, dass wir es nicht einfach so wiederholen können. Wir sind erwachsen und müssen uns den Problemen stellen, die uns heute bedrängen. Da mag uns Weihnachten oft auch als etwas Fremdes erscheinen, das so gar nicht in die Welt hineinpasst, wie sie uns heute begegnet: bedrängend, unsicher, verschlossen und gottverlassen.

Und doch ist da in unserer Seele eine bleibende Ahnung, dass die Welt noch anders ist, dass sie sich nicht einfach selbst überlassen ist. Es hängt mit dem zusammen, was an diesem Fest gefeiert wird: Gott selbst ist in unsere Welt gekommen. Er hat sie nicht in ihrer Not, in ihren Konflikten und in ihrer Hoffnungslosigkeit alleingelassen. Er ist selbst Mensch geworden, hineingetreten in diese Welt, um sie menschlicher zu machen, um ihre Dunkelheit zu erleuchten, ihre Kälte zu vertreiben und um die verschlossenen Herzen für die Liebe aufzubrechen. Die Geburt Jesu im Stall von Betlehem löst in jedem Menschen die Sehnsucht nach einer menschlicheren Welt aus, nach einer Welt, in der die Liebe stärker ist als der Hass, in der das Licht die Dunkelheit erhellt. Die Geburt Jesu ist die Verheißung, dass nicht alles beim Alten bleibt, sondern Gott etwas Neues in dieser Welt bewirkt, dass die Welt neu wird durch eine Liebe, die sich in Jesus Christus für immer an diese Welt gebunden hat.

Die Gedanken in diesem Buch kreisen um dieses alte Geheimnis. Sie möchten es der Leserin, dem Leser neu erschließen. Und sie möchten dazu einladen, selbst nachzudenken: Was sind die Gedanken, die mir heute helfen, dieses Fest neu zu feiern? Ein Fest feiern hat nur dann einen Sinn, wenn ich davon leben kann. Wie hilft mir Weihnachten also, besser, bewusster, froher zu leben? Wie bringt es mich in Berührung mit den Wurzeln meiner Lebensgeschichte und mit den Wurzeln meines Glaubens?

Aus den alten Wurzeln will immer neues Leben aufblühen. An Weihnachten will sich an uns erfüllen, was Gott uns beim Propheten Jesaja verheißen hat: »Die dem Herrn vertrauen, schöpfen neue Kraft, sie bekommen Flügel wie Adler. Sie laufen und werden nicht müde, sie gehen und werden nicht matt« (Jesaja 40,31 f.). Insofern ist Weihnachten wirklich ein Fest der Freude und der Verheißung. Ein Fest, das einen neuen Anfang verheißt, nach dem wir uns alle sehnen.

In den Bildern der Advents- und Weihnachtszeit drückt sich beides aus: die Sehnsucht nach einem neuen und endgültigen Anfang, aber auch die Verheißung eines solchen Anfangs. So hat es schon Papst Leo der Große († 461) in einer Weihnachtspredigt gesagt: »Da wir in Ehrfurcht das Erscheinen unseres Erlösers begehen, zeigt es sich, dass wir unseren eigenen Anfang feiern.« Gott selbst fängt neu mit uns an, da er sich als Kind einlässt auf unsere Wirklichkeit.

In den alten Bildern können wir meditieren, wer wir eigentlich sind, woher wir kommen, was unser Leben soll, was uns bedroht und was uns heilt, was uns ängstigt und was uns Vertrauen im Dasein schenkt.

Wenn wir ein neues Jahr beginnen und darauf vertrauen, dass unser Leben neu und besser wird, wenden wir uns in Bildern der weihnachtlichen Feste dem Urgrund unseres Lebens zu.

Indem wir in diese alten Bilder eintauchen, finden wir Hilfe, unser Leben in der Tiefe zu erneuern. Sie können helfen, das eigene Leben mit neuen Augen anzuschauen. Tag für Tag können wir einen neuen Anfang feiern, den Anfang, den Gott selbst in uns setzt, wenn er einbricht in unsere Zeit, in unseren Leib, in unsere Seele.
Hierin liegt der tiefste Grund für die Weihnachtsfreude, die in so vielen Liedern besungen und bejubelt wird. Der Advent steht bereits ganz im Zeichen der intensiven Erwartung dieser Freude.

Warten und Vorfreude

Die stille Zeit

Der Advent wird »die stille Zeit« genannt. Aber viele erleben ihn eher als hektisch und laut. Da hetzen die Leute durch die Geschäfte, um ihre Weihnachtseinkäufe zu erledigen. Wer aber hetzt, der achtet nicht auf sich, dessen Seele kann nicht atmen. Das deutsche Wort »still« kommt von »stellen, unbeweglich stehen«. Es braucht das Innehalten, um still zu werden. Ich muss aufhören, herumzulaufen und zu hetzen. Ich muss stehen bleiben, bei mir bleiben. Wenn ich stillhalte, kann ich meine Unruhe nicht mehr nach außen verlagern. Ich werde sie in mir wahrnehmen. Nur wer seiner Unruhe standhält, kommt zur Stille.

»Still« hat auch mit »stillen« zu tun. Die Mutter stillt das Kind, bringt das vor Hunger schreiende Kind zur Ruhe. So muss ich meine eigene Seele, die innerlich laut schreit, beruhigen. Ich muss mich meinem Herzen zuwenden wie eine Mutter, damit es Ruhe gibt.

»Still, still, still, wer Gott erkennen will«, so heißt es in einem Weihnachtslied aus Lothringen. Gönnen wir uns als Vorbereitung auf dieses Fest selber etwas: Zeiten der Stille, um darin Ausschau zu halten nach Gott. Die Adventszeit ist die Chance, sich auf das lärmende Herz einzulassen und seinen inneren Hunger zu stillen. Wer still ist, wird auf dem Grund seines Herzens die innere Freude erfahren können, die tiefer ist als alle Enttäuschung, alle Frustration, alle heillose Hektik.

Ankommen, wo wir sind

Advent heißt: ankommen. Häufig höre ich Menschen seufzen: »Ich bin noch nicht ganz da. Lass mich doch erst einmal ankommen!« Wir sind meistens nicht dort, wo wir sind. Wir sind mit unserer Seele noch nicht angekommen. Advent ist eine Chance, die Seele nachkommen zu lassen. Nur wer ganz da ist, kann offen sein für Neues.
Noch etwas steckt in dem deutschen Begriff: Das deutsche Wort »Abenteuer« kommt von »advenire, Advent, Ankunft«. Wenn Gott zu uns kommt, dann ist das ein Abenteuer für uns. Dann brechen unsere routinierten Gewissheiten, Sicherheiten und Erwartungen zusammen. Wir sind aber meist so sehr auf unsere Bilder von Gott fixiert, dass wir sein Kommen übersehen. Wir warten auf etwas Außergewöhnliches und merken gar nicht, wie Gott täglich zu uns kommt – in Menschen, die uns um etwas bitten, in Menschen, die uns mit einem Lächeln beschenken. Jede Begegnung mit einem Menschen ist ein Ankommen Gottes bei uns, das zu einem besonderen Ereignis wird, wenn wir offen dafür sind.

Im Advent können wir genau darauf wieder aufmerksam werden: Gott kommt in jedem Augenblick. Er kommt in den leisen Impulsen des Herzens und pocht an. Er möchte bei uns eintreten. Doch vielleicht sind wir zu sehr mit uns selbst beschäftigt und überhören sein Klopfen. Wenn du bei dir daheim, in Berührung mit dir selbst bist, kannst du ihn hören und ihn bei dir einlassen. Wenn er in dein

Herz eintritt, bist du gerettet und befreit von Entfremdung und innerer Zerrissenheit. Dann kommst du auf neue Weise zu dir selbst und weißt wieder, wer du bist. Dann bist du am Ziel deines Suchens angekommen. Du bist am Grund deiner Freude.

Was das Herz höher schlagen lässt

Wer wartet, schlägt nicht die Zeit vor Langeweile tot. Er ist gespannt, er hofft, er ist auf ein Ziel hin ausgerichtet. Ziel des vorweihnachtlichen Wartens ist ein Fest, das Fest unserer Menschwerdung, der Selbstwerdung, unseres Einswerdens mit Gott. Aber nicht nur wir warten, Gott wartet auch auf uns. Er wartet, bis wir uns für das Leben und für die Liebe öffnen. »Warten« meint eigentlich: auf der »Warte« wohnen. »Warte« ist der Ort der Ausschau, der Wachtturm. Warten heißt also: Ausschau halten, ob jemand kommt. Umherschauen, was alles auf uns zukommt.

Warten kann aber auch heißen: auf etwas achthaben, etwas pflegen, so wie der »Wärter« auf einen Menschen aufpasst und auf ihn achtgibt. Warten bewirkt beides in uns: die Weite des Blickes und die Achtsamkeit auf den Augenblick, auf das, was wir gerade erleben, auf die Menschen, mit denen wir gerade sprechen. Warten berührt unser Herz. Es macht das Herz weit. Unsere Sehnsucht sagt uns: Wir sind uns selbst nicht genug. Wir strecken uns aus nach dem, der unser Herz höher schlagen lässt.

Wacht auf

Advent, das ist Aufwachen aus allen Tagträumen, Aufwachen zur Wirklichkeit. Das deutsche Wort »wachen« bedeutet eigentlich »frisch, munter sein«. Wer wachsam ist, der erlebt jeden Augenblick bewusst, der ist ganz gegenwärtig, lebendig, nüchtern. Wach ist, wer sich nicht betäubt. Hektik betäubt. Aber wir müssen jetzt nicht alle Briefschuld erledigen, die wir während des Jahres vor uns her geschoben haben. Wir müssen uns nicht mittreiben lassen von Konsumtaumel. Wir müssen uns nicht einreihen in die Betriebsamkeit der Wunscherfüllung. Achtsamkeit und Wachheit lehren uns, worauf es eigentlich an Weihnachten ankommt. Wachen ist nicht nur die Grundhaltung des Advents. Die Weihnachtsgeschichte erzählt von den Hirten, die ihre Nachtwache hielten. Weil sie wachen, wird ihnen die frohe Botschaft von der Geburt des Messias verkündet. Wer wach ist, ist offen und empfänglich für das Geheimnis, das uns ergreifen möchte.

Strecke dein Herz aus

Heute erleben viele die Adventszeit schon als vorweggenommenes Weihnachten. Aus den Lautsprechern der Kaufhäuser hört man schon seit Wochen gefühlvolle weihnachtliche Klänge, die die Kauflust anheizen und die Konjunktur beleben sollen. Aber wer nicht warten kann, dem geht etwas Wichtiges verloren. Wer jedes Bedürfnis sofort befriedigen muss, der wird abhängig von jedem Bedürfnis. Warten macht innerlich frei. Wenn wir warten können, bis unser Bedürfnis erfüllt wird, dann halten wir auch die Spannung aus, die das Warten in uns erzeugt. Das macht unser Herz weit. Und es schenkt uns überdies das Gefühl, dass unser Leben nicht banal ist.

Wenn wir auf etwas Geheimnisvolles warten, dann erkennen wir: Wir sind mehr als das, was wir uns selbst geben können. Warten zeigt uns, dass das Eigentliche uns erst geschenkt werden muss. Auf einen lieben Menschen, der erwartet wird, freut man sich. Vorfreude bestimmt auch die Adventszeit: Sie will uns einladen, im Warten unsere Herzen zu weiten. Jeder von uns ist erwartet. Jeder Einzelne ist wertvoll. Gott selbst wartet auf uns, um uns aufzurichten, damit wir wahrhaft leben. Wer sein Herz für ihn öffnet, wer seine verborgene Anwesenheit in sich wahrnimmt, kann es erfahren. Ganz besonders in der Adventszeit.

Kein Geschenkestress

Für viele gilt: Adventszeit – Stresszeit. Sie möchten ihren Verwandten und Freunden etwas schenken. Sie setzen sich unter Druck. Sie möchten, dass die Beschenkten zufrieden sind, dass sie nicht denken, das Geschenk sei zu billig oder mit zu wenig Fantasie ausgesucht.
Der Brauch, sich an Weihnachten zu beschenken, ist uralt - und immer noch sinnvoll:
Wenn Gott sich uns an Weihnachten schenkt, ist es angebracht, dass wir den Glauben an dieses einmalige Geschenk Gottes in einem gegenseitigen Schenken ausdrücken. Doch bei vielen Menschen hat sich das weihnachtliche Schenken verselbstständigt. Es ist zwar noch an den Termin von Weihnachten gebunden, hat aber nichts mehr mit dem Geheimnis von Weihnachten zu tun. Gerade in der Adventszeit sollten wir uns bewusst machen: Unsere Geschenke werden dann dem Sinn des Weihnachtsfestes entsprechen, wenn wir dem anderen etwas von uns selbst schenken. Es kann unsere Zeit sein. Unsere Liebe kann sich durchaus ausdrücken in einem Geschenk, das wir im Kaufhaus erwerben – wenn wir unsere eigenen Gedanken, unsere Gefühle für den anderen hineinlegen, wenn wir es bewusst für ihn ausgesucht haben.

Als Mönch verfüge ich nicht über Geld. Daher kaufe ich keine Geschenke. Ich versuche, meine Zuneigung zu den Menschen, die mir wichtig sind, in einem persönlichen Brief auszudrücken, in dem ich mich in den anderen hineinspüre und ihm wünsche, dass das Licht Gottes in ihm auf einmalige Weise in dieser Welt aufleuchte. Wichtig ist: Unser Weihnachtsgeschenk sollte die Botschaft vermitteln: »Du bist einmalig, wie du bist. Lebe das einzigartige und ursprüngliche Bild, das Gott sich von dir gemacht hat.«

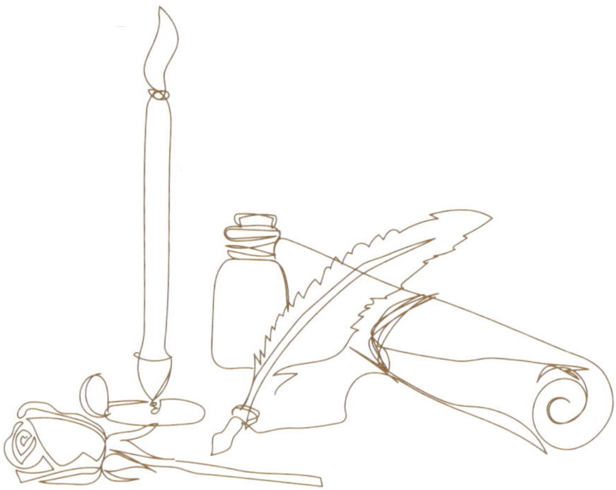

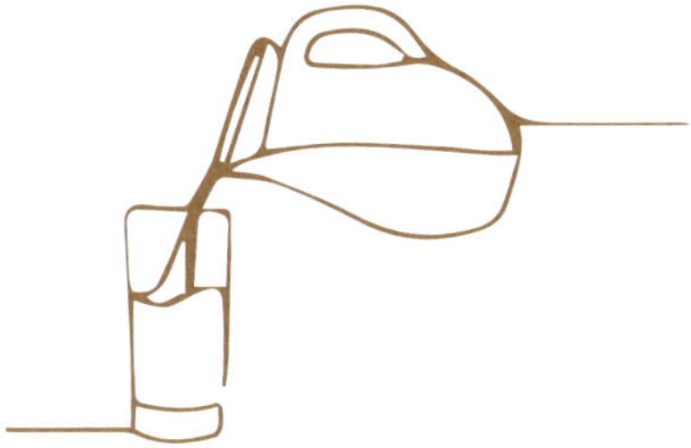

Wonach sich Menschen sehnen

Sich auf Weihnachten vorbereiten heißt auch, sich Gedanken über Geschenke zu machen. Das deutsche Wort »schenken« bedeutet ursprünglich, einem etwas zu trinken geben. Wir sagen ja auch heute noch, dass wir dem anderen Wein einschenken. Schenken meint also, dass wir dem Durstigen etwas einschenken, damit er seinen Durst stillen kann. Wer keinen Durst hat, dem soll man auch nichts einschenken. Heute haben viele keinen Durst mehr danach, Süßigkeiten oder Wein oder Kleider oder Haushaltsgeräte geschenkt zu bekommen. Denn davon hat jeder schon genug.

Aber jeder von uns dürstet nach Liebe, nach Zuwendung, nach Wertschätzung. So sehnen sich heute wohl die meisten nach einem Geschenk, das Ausdruck der Liebe ist. Wenn ich mein Herz in ein Geschenk hineinlege, dann erreicht es den anderen, dann stillt es seinen Durst.

Geschenk-Askese

Manche Familien vereinbaren heute, dass sie sich nichts mehr schenken, weil doch alle schon genug haben. Darin liegt sicher etwas Gesundes. Aber es gibt auch eine Geschenk-Askese, die Ausdruck von Fantasielosigkeit ist. Einander zu beschenken ist Zeichen von Liebe und lebendiger Beziehung. Ein Mann erzählte mir, dass er von seiner Großmutter jedes Jahr an Weihnachten ein Paar selbst gestrickte Socken bekommt. Die sind ihm ganz wertvoll, weil er ihre Liebe darin entdeckt.

Er weiß, dass sie sich beim Stricken ihm ganz zugewendet, ja, dass sie dabei auch für ihn gebetet hat. In der Adventszeit ist die Gelegenheit, zu überlegen, wie man dem anderen eine Freude machen kann: Das Wichtigste dabei ist, dass beim Beschenkten mit dem Geschenk die Sehnsucht nach Liebe Nahrung findet.

Das Stern-Bild

Advent ist die Zeit der Sehnsucht. Der Stern am dunklen Himmel ist ein Bild für dieses Verlangen: Symbol für das göttliche Licht, das in die menschliche Dunkelheit hineinstrahlt. Wir schmücken im Advent die Fenster unserer Wohnungen mit Sternen, um unsere Sehnsucht nach Geborgenheit und Licht auszudrücken, unser Verlangen nach dem, was unser Herz zutiefst erfüllen und befriedigen kann. Das hat immer mit Liebe zu tun. Für Augustinus ist die Sehnsucht eine Grundbefindlichkeit des Menschen. In aller irdischen Sehnsucht klingt eine letzte Sehnsucht nach Gott mit. Wer seine Sehnsucht verdrängt, der wird süchtig. Advent bietet die Chance, unsere Süchte wieder in Sehnsucht zu verwandeln. Jeder von uns kennt innere Abhängigkeiten. Die Kunst besteht darin, dass wir sie genau anschauen und darin die Sehnsucht entdecken, die uns zeigt: Unser eigentliches Verlangen weist über das Alltägliche und Banale weit hinaus. Letztlich steckt darin die Sehnsucht nach dem verlorenen Paradies. Das ist kein Ausdruck von Unreife oder Regression. Es zeigt vielmehr eine Ahnung davon, dass wir uns nur dann dem Kampf des Lebens stellen können, wenn wir in uns selbst daheim sind. Wir sind es, wenn wir das Geheimnis wahrnehmen, das in uns wohnt.

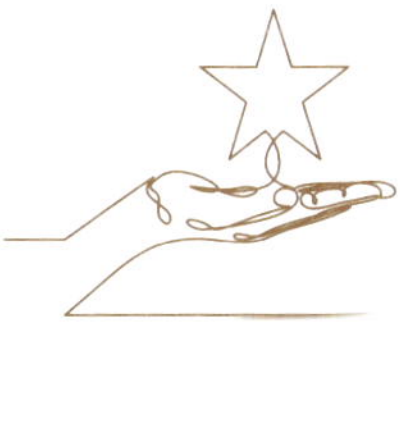

Offen für Begegnung

Die Sehnsucht lädt mich ein, mich auf die Welt einzulassen und mich mit ihr auszusöhnen, weil sie durch das Kommen Gottes heimatlich geworden ist.
Die Sehnsucht führt mich aber auch über diese Welt hinaus. Es gibt in mir etwas jenseits der Welt, etwas, über das die Welt keine Macht hat. Die Sehnsucht befreit mich daher vom Verhaftetsein an der Welt. Ich akzeptiere, dass kein Mensch mir meine tiefste Sehnsucht erfüllen kann. Aus einer solchen Haltung heraus kann ich dem Menschen in Freiheit begegnen, ohne ihn durch überhöhte Erwartungen in ein festes Bild zu pressen.
Die Sehnsucht ermöglicht mir eine vorurteilslose Offenheit anderen gegenüber. So kann ich die Begegnung und die Beziehung genießen, ohne ständig mehr haben zu wollen.
Der andere verweist mich auf Gott, ohne für mich Gott sein zu müssen. Die Adventszeit kann zur Schule einer tiefen und echten Begegnung mit anderen werden.

Mehr als Verzicht

Sehnsucht und Verzicht gehen zusammen. In den Klöstern des Mittelalters hat man vom Martinsfest, dem 11. November, bis Weihnachten gefastet. Durch Fasten hat man sich auf das Kommen des Herrn vorbereitet. Auch heute gibt es viele Menschen, die sich in der Adventszeit eine Woche herausnehmen, um zu fasten. Andere verzichten in dieser Zeit bewusst auf Alkohol oder Süßigkeiten, damit sie an Weihnachten Gottes gute Gaben neu genießen können. Fasten will Leib und Seele reinigen. Es ist mehr als bloß Verzicht. Wer Fastenerfahrung hat, der weiß, dass ihn eine Woche Fasten wacher und sensibler machen kann, dass er sich freier fühlt, lebendiger und offener. Aber die ersten Tage beim Fasten sind auch beschwerlich. Da muss ich mich bewusst dazu durchringen, mich innerlich darauf einstellen.

Ich spüre den Hunger, und ich fühle mich zunächst müder als sonst. Aber nach drei Tagen ist das Hungergefühl weg, und ich erlebe mich wacher und freier. Ich brauche weniger Schlaf. Ich träume intensiver. Ich kann besser beten. Da fällt mancher Ballast nicht nur von meinem Leib, sondern auch von meiner Seele. Ich kreise nicht mehr um meine Probleme, sondern halte sie Gott hin. Fasten ist Ausdruck meiner Ohnmacht, dass ich die Probleme nicht selber lösen kann. Und indem ich mich in meiner Ohnmacht Gott überlasse, erfahre ich Gelassenheit und Freiheit – und tiefe Freude.

»Reiß Schloss und Riegel ab!«

»Macht hoch die Tür, die Tor macht weit« – »Reiß ab vom Himmel Tor und Tür, reiß ab, wo Schloss und Riegel für« – »O komm, o komm, du Morgenstern«: Freude und Sehnsucht, die Erfahrung des »schon« und des »noch nicht« sind in den Liedern der Adventszeit gemischt: »Vertreib das Dunkel unserer Nacht durch deines klaren Lichtes Pracht.«

In diesen Melodien und Texten steckt die Sehnsucht nach dem Ende aller Beengtheit. Und in solcher Sehnsucht steckt gleichzeitig eine Hoffnung, eine Vision. Sie öffnet ein Fenster zum Himmel. Sie ist schon Vorschein des Ewigen. Sie hat die Kraft, Beton zu sprengen, Panzertüren zu knacken, die wir um uns aufgebaut haben, um uns gegenüber anderen unempfindlich zu machen. Sehnsucht hält den Horizont über uns offen und setzt uns auf die Spur der Freude. Wer mit seiner Sehnsucht in Berührung kommt, der wird sich frei fühlen, auch wenn alles um ihn herum eng ist. Die alten Lieder des Advents stacheln unsere tiefste Sehnsucht nach wahrem Leben, nach Heimat und Geborgenheit an, wenn wir unsere Worte in unser Herz einsinken lassen. Diese Sehnsucht wird schließlich an eine Quelle des Lebens führen, die in uns selber sprudelt und alle Einengungen sprengt.

»Tauet, Himmel!«

Für mich gehört seit meiner Kindheit das Lied »Tauet, Himmel, den Gerechten« zur Erfahrung von Advent. Als Kind war das Bild des Taus für mich etwas Geheimnisvolles, ein Bild, das das Herz ansprach, dessen Sinn mir aber fremd blieb. Dennoch hat es mich fasziniert, eine tiefe Sehnsucht in mir angesprochen und mir eine Ahnung vermittelt: dass alles besser werden wird, dass da etwas anderes in mein Leben einbricht, durch das es neu wird und richtig. Für die Menschen in Palästina war der Tau ein wichtiges Symbol. Nachts fällt der Tau unmerklich und unsichtbar auf den trockenen Ackerboden. Die Wüste selbst ist morgens mit Tau bedeckt. In der frühen Morgensonne glitzert der Tau. Tautropfen sehen aus wie kostbare Perlen, in denen sich das milde Morgenlicht spiegelt. Bei den Griechen ist der Tau Symbol der Liebe, bei den Persern das der Jungfrau. Der Tau der Liebe befruchtet das verdorrte und vertrocknete Herz. Es beginnt, wieder lebendig zu werden. Tau steht für das Zarte, Unberührte, Unversehrte, Makellose. So wie Christus aus der Jungfrau geboren wird, so steht der Tau bei den Persern für die erneuernde und erlösende Kraft Gottes. Gott stellt im Tau das Ursprüngliche dieser Welt wieder her. Wenn die Hitze des Tages das Leben ausgedorrt hat, so fällt in der Nacht der alles erneuernde Tau Gottes auf uns und macht uns frisch. Er lässt neues Leben in uns entstehen.

Für die Israeliten war der Tau ein Bild dafür, dass Gott selbst für die Menschen sorgt und das Verdorrte in uns mit dem zarten Tau seiner Liebe befruchtet, dass er neues Leben in uns hervorlockt. Unser Leben wird sich erneuern. Unsere Seele wird wieder froh werden. Die Vorfreude klingt in der Bildwelt des Adventsliedes durch.

Die Wüste wird ergrünen

Der Advent verheißt: Unsere Wüste wird verwandelt. Sie wird beginnen zu blühen. Wir sprechen von einer Betonwüste in unseren Städten, von der Wüste und Ödnis in den menschlichen Herzen. Wüste ist ein Bild für die Einsamkeit, für das Alleingelassenwerden, für Sinnlosigkeit, Beziehungsferne und Leere. Wir sind unbehaust, in uns sind wilde und ungezügelte Kräfte, die unser Gesicht hässlich erscheinen lassen. Die Wüste ist der Ort, an dem wir schonungslos mit uns und unserer widerwärtigen Wirklichkeit konfrontiert werden. Um den Weg für Gott bahnen zu können, müssen wir uns zuerst einmal hinauswagen in die eigene Wüste. In dieser Wüste unseres Herzens sollen wir ihm den Weg bereiten. Wir müssen all das Verdrängte, das Unterdrückte, das Schattenhafte in uns anschauen und ihm hinhalten. Gerade dort will Gott zu uns kommen, nicht auf den Straßen unseres Erfolgs und unserer Leistungen. Wir möchten Gott gerne außerhalb von uns begegnen, in erbaulichen Gottesdiensten, in der Gemeinschaft von Gleichgesinnten. Doch er will uns gerade in unserer Wüste entgegenkommen. Dort will er uns antreffen, um mit uns das Fest der Erlösung zu feiern, um mit uns eins zu werden und alles in uns zu verwandeln. Nur wenn wir Gott in unsere Wüste hineinlassen, kann Wirklichkeit werden, was Jesaja uns in den Texten verheißt, die in dieser Zeit gelesen werden.

Der Advent verspricht uns, dass wir in unserer Wüste eine Quelle finden, aus der wir trinken können. Die Wüste ist nicht nur der Ort der Leere und Sinnlosigkeit, der Versuchung und Anfechtung. Die Wüste ist auch der Ort der Gotteserfahrung und Gottesbegegnung. In der Adventszeit können wir den Mut aufbringen, in unsere Wüsten hineinzugehen. Denn dort dürfen wir erfahren, dass Gott uns nahe ist, dass er uns in unseren einsamen Momenten auf seinen Händen trägt. So wie dem Elija, der in der Wüste am liebsten sterben wollte, schickt er jedem seinen Engel. Mitten in der Wüste erfahren wir Gott selbst als den, der auf uns wartet. Die tröstliche Verheißung des Advents: Am Ende der Wüstenerfahrung wird die Freude stehen.

Blumen blühen im Winter

Am Fest der heiligen Barbara am 4. Dezember ist es in vielen Gegenden Brauch, Kirschzweige abzuschneiden und in der Wohnung ins Wasser zu stellen. An Weihnachten werden sie dann aufblühen. Wenn mitten in der Dunkelheit und Kälte des Winters trockene Zweige Wasser bekommen, dann geben sie – zur Sonnenwende um die Weihnachtstage – ein Zeichen des Lebens. So steht es auch mit unserem Inneren: Wenn wir im Traum Bilder des Winters sehen, dann drückt auch dies immer den Zustand unserer Seele aus. In uns ist es kalt geworden. Das Herz ist kalt, die Gefühle sind eingefroren. Es lebt nichts mehr in uns. Die Barbarazweige wollen unsere Hoffnung stärken, dass mitten in unserem Winter neues Leben aufblühen möchte. Sie erinnern den ganzen Advent über daran, dass alles Kalte aufgebrochen und mitten im Winter in uns eine Blume blühen wird. Die Barbarazweige sind nach einer alten Tradition Liebeszweige. Sie wollen zeigen, dass die Liebe stärker ist als der Tod, dass die Liebe siegen wird und selbst erkaltete und verhärtete Beziehungen wieder aufleben können.

Weihnachten heißt: Lass dich von der Erstarrung und Kälte der Herzen nicht anstecken. Wenn wir unsere Herzen für die Liebe offen halten, wird die Liebe auch uns für das blühende Leben öffnen. Sie wird uns den Himmel sehen lassen, nach dem wir uns im Grunde unseres Herzens sehnen.

Tröste dich, tröste dich

In einem Adventslied wird der verheißene Messias als unser Trost besungen: »Wo bleibst du, Trost der ganzen Welt, darauf die Welt all Hoffnung stellt?« Und Georg Friedrich Händel beginnt seinen »Messias« mit den Worten, die ihn offensichtlich selbst getröstet und aus seiner Depression herausgerissen haben: »Tröste dich, tröste dich, mein Volk, spricht dein Gott. Redet freundlich, Boten, mit Jerusalem und prediget ihr, dass die Knechtschaft nun zu Ende und ihre Missetat vergeben« (Jesaja 40,1 f.).
Es gehört zu meinen ganz persönlichen Adventsritualen, mir den Beginn des »Messias« am ersten Adventssonntag anzuhören und durch die Musik den Trost dieser Worte in mein Herz fallen zu lassen.

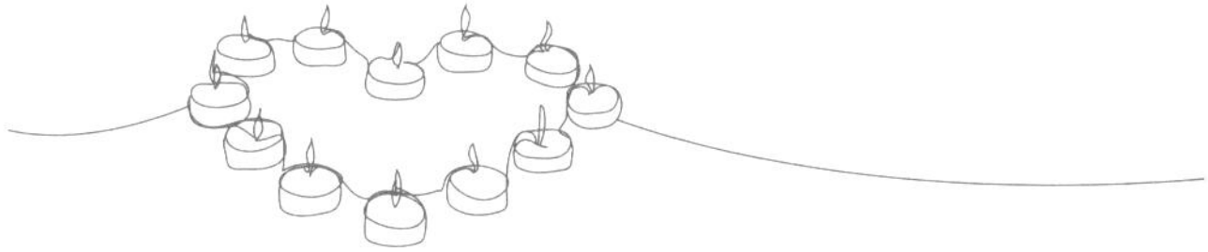

Trost kommt von Treue und bedeutet innere Festigkeit. Wenn Gott zu mir kommt in seinem Sohn, dann bekommt mein Leben einen neuen Stand, dann hört der Boden unter mir auf, zu wanken und zu schwanken. Dann habe ich einen festen Grund, auf dem ich stehen kann. Trost hat auch mit Trauen zu tun. Wenn Gott mich tröstet, traue ich mich zu leben, dann wird mein Ort, an dem ich bin, zu einem trauten Ort, zu einem Ort des Vertrauens, zu einem Ort, an dem ich daheim sein kann. Gott tröstet mich in meiner Trauer. Der Ort der Trauer kann so zum Raum des Trostes werden. Am trauten Ort bin ich vertraut mit der Gebrochenheit meiner Existenz, dort traue ich mich, meine Wahrheit ungeschönt anzuschauen, weil ich in meiner Trauer getröstet bin, weil ich durch meine Trauer hindurch zu dem Trost finde, auf dem ich fest stehen kann, »den Trost ob allen Dingen«. Es ist der Ort, an dem eine tiefere Freude möglich wird. Eine Freude, die Dunkelheit integriert.

Ein Mensch der Liebe

In die Vorbereitungszeit für Weihnachten fällt das Nikolausfest. Das eigentliche Geheimnis dieses Heiligen ist: Er ist ein Mensch, der ganz und gar Liebe geworden ist, der Milde und Güte ausstrahlt, der zupackt, wenn Menschen in Not sind, und der Mitleid hat, der unauffällig hilft. Wenn wir die Legenden anschauen, die sich um seine Person ranken, so haben sie alle eine tiefe Bedeutung für unser Leben. Als Nikolaus erfährt, dass ein verarmter Nachbar seine drei Töchter in ein Bordell verkaufen will, wirft er dreimal hintereinander einen Klumpen Gold durchs Fenster, damit jede Tochter eine ausreichende Mitgift für die Heirat hat. Er spürt, welche Not es für einen Vater bedeutet, seine Töchter zu benutzen, damit er selbst überleben kann. Er greift ein, damit die Töchter ihren Weg gehen können und nicht mehr vom Vater für die eigenen Zwecke eingesetzt werden. Gegenüber dem negativen Vaterbild stellt Nikolaus das Bild des Vaters dar, der seine Kinder freilässt, der ihnen ermöglicht, der eigenen Sehnsucht zu folgen. Er schafft ein Klima, in dem Kinder heil werden können. Er ist der gerechte Mensch, der nicht mit ansehen kann, wenn Menschen unschuldig verurteilt werden. Er ist der Vater, der jedem seiner Kinder gerecht wird, der jedem Recht verschafft, um richtig zu leben.

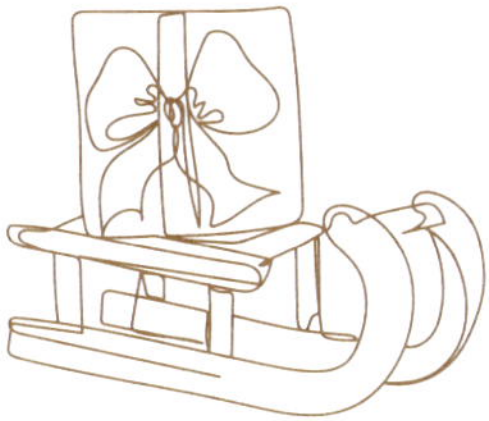

Nikolaus macht jedem Mut, zu seinen väterlichen und mütterlichen Seiten zu stehen. In jedem ist das archetypische Bild des Vaters, der anderen den Rücken stärkt und sie zum Leben ermutigt, jeder trägt auch das Bild der Mutter in sich, die anderen Geborgenheit und Heimat schenkt, die sie nährt und ihre Wunden heilt. Und in jedem wohnt auch der lautere und gerechte Mensch, der einen Blick für die Not anderer hat.

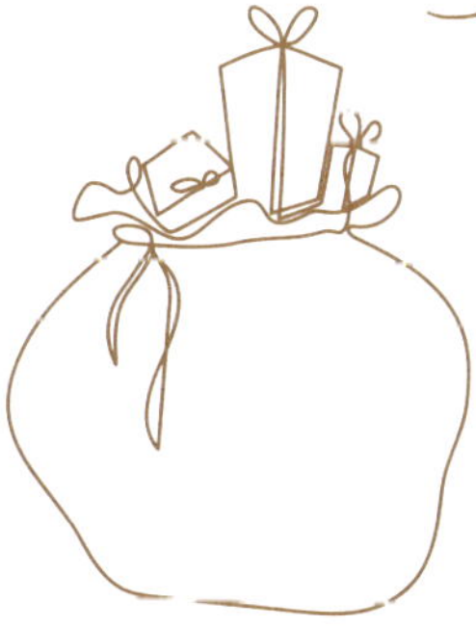

Ein Kranz als Zeichen

Der Kranz galt schon in der Antike als Sieges- und Ehrenzeichen. Der Adventskranz ist Zeichen der Huldigung an den kommenden Herrn. Der Siegeskranz der Antike hat im Christentum noch eine andere Bedeutung erhalten. Er ist Zeichen der Verheißung, dass unser Leben, das oft genug zerrissen ist und auseinanderfällt, wieder ganz und rund wird. Am Ende des alten Jahres und zu Beginn des Kirchenjahres will der Adventskranz in uns diese Hoffnung stärken. Auch wenn vieles im vergangenen Jahr misslungen ist – durch die Sammlung in Stille und Gebet kann es verwandelt werden, kann es dem Lebensganzen so eingefügt werden, dass sich alles in uns rundet. Auch die Kerzen am Kranz symbolisieren das. Der Adventskranz hat ja vier Kerzen. Ursprünglich sind es reine Zählkerzen, die die vier Sonntage angeben. Jeden Sonntag wird eine weitere Kerze angezündet, sodass die Erwartung auf Weihnachten durch die wachsende Zahl der brennenden Kerzen gesteigert wird. Aber Vier ist auch eine symbolische Zahl. Wenn vier Kerzen auf dem runden Kranz brennen, dann ist das die Einheit aller Gegensätze: Das Runde und das Quadratische werden miteinander eins. Bereits die erste Kerze kann die Dunkelheit erhellen – und Hoffnung geben, dass auch meine innere Nacht sich erhellen wird. Die zweite Kerze kann auf die Spannung meines Lebens verweisen, aber auch darauf, dass sich die Gegensätze meines Lebens auflösen werden. Die dritte Kerze vermag die Integration von Geist, Seele und Leib verheißen. Und die vierte schließlich kann zum

Bild der Verwandlung werden, die mit der Symbolik der Vierzahl verbunden ist. Die Zahl Vier ist für C. G. Jung Ausdruck unserer Vollständigkeit: Hier stoßen die Gegensätze aufeinander, sind aber zugleich miteinander versöhnt.

Mildes Licht

In der Adventszeit setzen wir uns gerne vor eine brennende Kerze, um in ihrem Licht Ruhe zu finden. Das Kerzenlicht ist ein mildes Licht. Gegenüber der grellen Neonbeleuchtung erhellt die Kerze unseren Raum nur teilweise. Sie lässt manches im Dunkel. Und das Licht ist warm und angenehm. Die Kerze ist keine funktionelle Lichtquelle, die alles gleichmäßig ausleuchten muss. Vielmehr spendet sie ein Licht, das von vornherein die Qualität des Geheimnisvollen, des Warmen, des Liebevollen in sich birgt. Im Kerzenlicht kann man sich selbst mit einem milden Auge sehen. In diesem zarten Licht wage ich es, mich wahrzunehmen und mich Gott hinzuhalten. Hier kann ich mich selbst annehmen.

Fröhliche, selige, gnadenbringende Zeit

»Frohe Weihnachten!«

Die Weihnachtszeit ist die Zeit der Wünsche. Wir wünschen uns Geschenke als Zeichen der Liebe. Besonders die Wunschzettel der Kinder sind meistens recht konkret und richten sich an den himmlischen Gabenbringer. Aber wir wünschen einander auch »frohe Weihnachten« – und meinen damit etwas ganz anderes und viel mehr als die Dinge, die auf dem Gabentisch oder unter dem Weihnachtsbaum liegen. Wir gratulieren einander zu diesem Fest. Gratulieren kommt vom lateinischen Wort »gratia«, das »Gunst, Dank, Anmut, Gnade« bedeutet. Der Engel hat bei der Geburt Jesu »den Menschen seiner Gnade« (Lukas 2,14) Frieden verheißen. Wir wünschen einander, dass wir uns an diesem Fest freuen und dass wir etwas von der Gnade erfahren, die uns in der Geburt Jesu widerfahren ist. In dem Kind in der Krippe ist uns die Anmut, die zärtliche Liebe unseres Gottes erschienen. Das ist Grund genug, sich frohe Weihnachten zu wünschen. Wir wünschen einander, dass die durch Jesu Geburt geweihte Nacht die Dunkelheit unserer Nächte vertreiben und sie mit Freude erfüllen möge. In Italien wünscht man sich »buon natale«, ein gutes Geburtsfest. Darin klingt an, dass wir uns nicht nur wegen der Geburt des guten Gottes Glück wünschen, sondern dass wir auch hoffen, unsere eigene Geburt, unsere persönliche Menschwerdung möge gelingen.

Pauken und Trompeten

Es gibt für mich kein Weihnachtsfest, an dem ich nicht das Weihnachtsoratorium von Johann Sebastian Bach höre. Mit Pauken und Trompeten lässt Bach den Chor da zu Beginn singen: »Jauchzet, frohlocket! Auf, preiset die Tage! Rühmet, was heute der Höchste getan! Lasset das Zagen, verbannt die Klage, stimmet voll Jauchzen und Fröhlichkeit an!«

Ich kann den Chor nicht anhören, ohne dass er in mir bewirkt, was er singt. Da wird das Zagen und Klagen aus meinem Herzen verbannt. Da weitet es sich für das Geheimnis der Weihnacht, für das Geheimnis, dass Gott Mensch geworden ist und in unsere Dunkelheit Licht gebracht hat. In dieses offene Herz hinein kann der Sopran dann die Engelsbotschaft singen: »Fürchtet euch nicht, siehe, ich verkündige euch große Freude, die allem Volke widerfahren wird.«

Mit der Musik erwacht die Freude, die oft genug unter Sorgen und Problemen verborgen liegt, in meiner Seele zu neuem Leben.

»Erwach, frohlocke«

Auch Händels Messias zu hören gehört zu meinen Weihnachtsritualen. Händel hat die Botschaft Jesu vor allem im Spiegel alttestamentlicher Texte gedeutet und vertont. Die Sopranarie besingt das Geheimnis von Weihnachten mit Worten aus dem Propheten Sacharja (9,9 f.): »Erwach, frohlocke, o Tochter von Zion; auf, du Tochter von Jerusalem! Blick auf, dein König kommt zu dir. Er ist der rechte Helfer und bringet Heil allen Völkern.« Händel war in einer tiefen Krise, als er den Messias in weniger als vier Wochen wie in einem Rausch niederschrieb. Die Ergriffenheit hören wir heute noch aus den Arien und Chören heraus. Der verhaltene Trost der Adventsstücke wandelt sich in die fröhlich-beschwingten Chöre der Weihnachtsbotschaft und gipfelt schließlich in dem kraftvollen Jubel des Halleluja im Osterteil. Der Grund der Weihnachtsfreude ist, dass Gott selbst zu uns Menschen kommt, als König, als Helfer, als Heil und als Licht, das unsere Dunkelheit erleuchtet. In der Musik Händels wird alles Dunkle, Trostlose, Traurige aus unseren Herzen verbannt, damit die Freude über die Geburt Jesu in uns einziehen kann.

»Nun singet und seid froh«

»In dulci jubilo, nun singet und seid froh« beginnt eines der bekanntesten Weihnachtslieder, das aus dem 14. Jahrhundert stammt. Die alten Weihnachtslieder singen immer wieder von der Freude, die die Geburt Jesu in unseren Herzen auslöst. »Ein Kind ist uns geboren heut, das alle Welt erfreut« heißt es in einem anderen Lied aus dem 15. Jahrhundert.

Die Freude ist der Grundzug aller Weihnachtslieder. Auf die Geburt eines Kindes reagieren wir immer mit Freude. Doch wenn Gott Mensch wird, dann bewirkt das in uns noch etwas anderes. Wir wissen, dass wir nie mehr allein sind auf dieser Erde, dass diese Erde nun für uns Heimat geworden ist, weil Gott selbst mit uns ist. Gott geht in Jesus alle Wege mit uns. Unser Leben hat sich für immer verwandelt. Gottes Licht leuchtet in unserer Finsternis. Gott ist als Kind geboren, um unsere versteinerten Herzen aufzubrechen – für die Freude und für die Liebe.

Vom Himmel hoch

Martin Luther hat das beliebte Weihnachtslied gedichtet »Vom Himmel hoch, da komm ich her«. In der siebten Strophe fordert er uns auf: »Des lasst uns alle fröhlich sein und mit den Hirten gehen hinein, zu sehn, was Gott uns hat beschert, mit seinem lieben Sohn verehrt.« Für den deutschen Reformator war die Freude der Grundzug unseres Glaubens. Für ihn gründet diese Freude in dem, was Gott an uns getan hat. Wir brauchen nicht mehr alles selber zu leisten. Gott hat an uns gehandelt. Das ist für ihn auch das Wesen des Weihnachtsgeheimnisses: Gott selbst hat die Initiative ergriffen. Er hat uns seinen Sohn geschenkt und in ihm seine zärtliche Liebe, seine Zusage, dass er uns bedingungslos annimmt. Daher sollen wir als fröhliche Christen leben. Denn Gott hat uns die wahre Bescherung bereitet: Er hat uns seinen Sohn geschenkt, uns mit ihm Ehre erwiesen und in ihm unseren ursprünglichen Glanz und unsere göttliche Schönheit wieder hergestellt.

Stille Nacht, heilige Nacht

Das wohl bekannteste Weihnachtslied, auf jeden Fall das beliebteste in deutscher Sprache, ist das von Josef Mohr im Jahr 1818 gedichtete und von Franz Xaver Gruber vertonte »Stille Nacht, heilige Nacht«. Es ist für einfache Menschen geschrieben. Und es ist in einer schwierigen Zeit entstanden, nach jahrzehntelangen kriegerischen Konflikten in Europa, in einer Zeit, die von Angst und Unsicherheit, von Hungersnot und schwierigen wirtschaftlichen Umständen bestimmt war. Dem stellt es eine andere Wirklichkeit gegenüber, es erzählt von Frieden, von Glück und »himmlischer Ruh«. Vor allem mit den beiden Worten »still und heilig« deutet Josef Mohr das Geheimnis von Weihnachten – für seine Zeitgenossen, aber auch für uns.

In der Stille der Nacht wird Gott geboren, er will auch in der Stille unseres Herzens geboren werden. Daher braucht es in dieser Nacht die Stille, damit sie zur heiligen Nacht wird. Gott hat an Weihnachten unsere Nacht durch die Geburt seines Sohnes geheiligt. Heilig ist für die Griechen das, was der Welt entzogen ist, worüber sie keine Macht hat. Im Schweigen entziehen wir uns dem Lärm dieser Welt. Da berühren wir das Heilige in uns. Die stille Nacht von Weihnachten will den inneren Lärm unserer Ängste, die uns oft in unseren Träumen bedrängen, zum Schweigen bringen, damit Gott in uns geboren werde. Da wo Nacht zum Symbol für Dunkelheit und Sinnlosigkeit geworden ist, zum Bild eines Zustands der Depression und Lähmung, da ist sie verwandelt durch das Licht von Weihnachten. Das Licht von

Weihnachten erleuchtet diese Nacht der Depression, die Nacht der Sinnlosigkeit, die schlaflosen Nächte, die kein Ende nehmen wollen. Weihnachten heißt: mit dem Licht unseres Bewusstseins in der Nacht unseres Lebens den zu erkennen, der unsere Nacht verzaubern, verwandeln, heiligen will.

Dort, wo Gott in uns ist, entsteht ein heiliger und lichter Raum. Und in diesem heiligen Raum sind wir schon heil und ganz. Da ist unsere Nacht, die sonst voller Angst und Dunkelheit ist, still und heilig geworden.

In diesem Sinn ist das Lied von Josef Mohr und Franz Gruber, das um die ganze Welt ging, bleibender Ausdruck unserer tiefen Sehnsucht nach dem wirklichen Glück, nach dem verlorenen Paradies.

Sonne, die die Nacht vertreibt

Weihnachten fällt mit der Feier der Wintersonnenwende zusammen. Für die Christen der Antike war das ein Bild dafür, dass Christus, die wahre Sonne, unser Schicksal zum Heil gewendet hat. So wie bis Weihnachten die dunklen Nächte wachsen, so wuchs in der Geschichte die Nacht des Satans. Als aber Christus erschien, wurde der Bann der Finsternis gebrochen. So feiert die Weihnachtsliturgie die Geburt Christi immer wieder unter dem Bild der Sonne. Da heißt es in einer Antifon: »Aufgehen wird euch der Retter wie die Sonne, wenn er herabsteigt in den Schoß der Jungfrau.« In dieser Antifon spiegelt sich die Sehnsucht der Antike wider, die das Paradox von Aufgehen und Untergehen, von Niedersteigen und Aufsteigen der Sonne als Bild für das eigene Leben gesehen hat. In Christus steigt die Sonne in unsere Nacht, um für immer aufzugehen und uns zu erleuchten. Die Sonne kann wärmen und Leben spenden, aber auch verbrennen. Wenn die Christen Christus als die wahre Sonne verehren, dann spielen diese Erfahrungen mit. Christus erleuchtet unsere Finsternis, er hüllt uns in das milde Licht der göttlichen Liebe. Aber er brennt auch alles Sündhafte und Erstarrte in uns aus, damit in uns durch ihn Licht wird. Paul Gerhardt hat in seinem Weihnachtslied »Ich steh an deiner Krippen hier« Christus als den gesehen, der uns in tiefer Todesnacht zu unserer Sonne wurde: »die Sonne, die mir zugebracht Licht, Leben, Freud' und Wonne«. Auch wir sollten an Weihnachten für andere zur Sonne werden. Das ist natürlich kein auf den Feiertag beschränkter Rat. Aber Weihnachten ist ein Fest, an dem wir diese Erfahrung besonders bewusst machen und feiern sollten.

Morgenstern der finstern Nacht

»Morgenstern der finstern Nacht,
der die Welt voll Freuden macht.
Jesu mein, komm herein,
leucht in meines Herzens Schrein.«

Angelus Silesius hat diesen wunderbaren Text gedichtet. Seit je haben die Menschen ihre Sehnsüchte in die Sterne verlagert. Und die Sterne haben immer eine Faszination ausgeübt. Als Kinder haben wir gerne das Lied gesungen »Weißt du, wie viel Sternlein stehen«. Das Lied gab uns die Gewissheit, dass Gott es gut mit uns meint, dass wir unter seinem Sternenhimmel daheim sind. Die Sterne erinnern uns an die Heimat in dem Sinne, dass wir auf dieser Welt immer und überall daheim sind, weil uns die gleichen Sterne leuchten wie in unserer Heimat. All diese Assoziationen spielen mit, wenn wir zu Weihnachten an den Stern denken, der Jesu Geburt angezeigt hat, und wenn wir die Weihnachtssterne an den Christbaum oder ins Fenster hängen. Durch Christi Geburt ist diese Welt uns Heimat geworden. Da leuchtet überall der gleiche Morgen- und Abendstern über uns am Himmel und lässt uns überall daheim sein. Weihnachten lädt uns dazu ein, dass wir selbst für andere zum Stern werden, der ihre Nacht erhellt, Hoffnung in ihnen leben lässt und ihnen das Gefühl von Heimat schenkt.

Das ist die tiefste Botschaft des Weihnachtssterns: Wir sind nicht nur ein Mensch der Erde, sondern auch ein Mensch des Himmels. In jedem von uns leuchtet der Stern, der über uns hinausweist auf den, der vom Himmel herabkommt und unsere tiefste Sehnsucht erfüllt.

Weiße Weihnacht

In unseren Breiten sehnen wir uns nach weißer Weihnacht, auch wenn dieser Wunsch immer seltener in Erfüllung geht. »White Christmas«, ein weltweit verbreitetes modernes Lied, von dem es Hunderte von Interpretationen und über hundert Millionen verkaufte Tonträger gibt, ist eigentlich ein Sehnsuchtslied. Dieses gefühlvolle, im Dezember 1941 erstmals öffentlich gesungene Lied des jüdisch-amerikanischen Komponisten Irving Berlin ist neben »Stille Nacht« sicher das erfolgreichste Weihnachtslied. Es ist dazu geworden, weil diese Vorstellung die Menschen in einer tiefen Schicht der Seele anrührt. Es klingt ein wenig melancholisch und doch voll starker Sehnsucht, wie sich hier inmitten des Krieges die Aura einer friedlichen Zeit, die Kraft des Träumens und der Erinnerung, mit dem Bild der weißen Weihnacht verbinden. Schnee, der das Elend zudeckt und die Welt verzaubert, entspricht unserem Bild von Weihnachtsfrieden. So wie die Geburt Gottes in Jesus Christus die Welt verwandelt, so verändert auch der Schnee, der sich über alles legt, die Landschaft. Er erfüllt die Welt mit Stille. Durch eine weiße Schneelandschaft zu wandern, hat einen eigenen Reiz. Wir werden unwillkürlich still und bewundern die verzuckerten Bäume. Alles bekommt einen anderen Glanz, den Glanz göttlicher Schönheit. »Lächeln Gottes« hat eine Dichterin einmal den Schnee genannt. In diesem Verständnis kann er auch ein Bild für Weihnachten sein: Durch die Menschwerdung Gottes ist seine Schönheit in uns. Sie leuchtet nun aus jedem menschlichen Antlitz.

Und sie strahlt uns in der Schöpfung entgegen, die durch die Fleischwerdung Gottes wunderbar erneuert worden ist.

Mitten im kalten Winter

Eines der ältesten deutschen Weihnachtslieder beginnt mit einem Rätsel: »Es ist ein Ros' entsprungen aus einer Wurzel zart.« Von diesem Rosenstock geht eine Blume aus: »Und hat ein Blümlein bracht mitten im kalten Winter wohl zu der halben Nacht.« Maria ist der Rosenstock. Sie hat uns in dem Kind Jesus das »Blümlein« gebracht, das so süß duftet und mit seinem hellen Schein unsere Finsternis vertreibt. Wie manchmal mitten im Schnee eine Blume blüht, so hat Gott in der Geburt Jesu die Kälte unserer Herzen gebrochen und uns mit seiner Liebe erwärmt. Die Geburt Jesu taut unsere vereisten Gefühle auf. Sie verbreitet einen süßen Duft des Wohlwollens in der Gefühllosigkeit unserer Zeit. Sie verwandelt unsere Welt wie eine kleine, sehr zarte und doch wunderbare Blume, die wir gerade im Winter unserer Seele und in der Nacht unseres Herzens bestaunen.

So wie früher

Jede Familie hat ihre eigenen Weihnachtsrituale. Es sind nicht nur adlige Familien, die hier eine lange Tradition haben und in denen die Rituale seit Hunderten von Jahren immer in der gleichen Weise vollzogen werden. Auch junge Familien erinnern sich daran, wie es »früher« zu Haus war. Gemeinsames Singen gehört genauso dazu wie ein bestimmtes Essen oder die Art, wie der Baum geschmückt und die Krippe aufgestellt wird. Offensichtlich besteht ein Bedürfnis, Weihnachten nicht nur als kurzen Event zu feiern, sondern als ein durch bestimmte Formen geprägtes Fest, das uns mit unseren Vorfahren verbindet. Rituale und feste Bräuche geben Sicherheit und Halt. Wir sind getragen von einer langen Kette von Ahnen. Sie haben Weihnachten genauso gefeiert wie wir. Wir möchten in unseren Ritualen teilhaben an ihrem Glauben. Wir möchten genauso berührt sein vom Geheimnis der Menschwerdung Gottes wie sie. Ihr Glaube soll unseren Glauben stärken. Und wir möchten unsere Identität erfahren. Wir sind nicht nur Menschen dieser Zeit, sondern hineingestellt in eine lange Reihe von Generationen. Wir haben teil an ihrer Kraft, an ihren Werten, an ihrer Liebe. Mit ihnen unterscheiden wir Weihnachten von der Alltagszeit. Mit ihnen verwandeln wir unsere Zeit, verbinden uns mit dem Quell der Freude in der Erinnerung an die »freudenreiche Geschichte«, die mit der Geburt Christi begann.

Wie Weihnachten schmeckt

Nicht nur Lieder, auch das gemeinsame Mahl gehört zu den Weihnachtsritualen – weltweit. Bestimmte Gegenden, ja ganze Länder haben besondere Traditionen, was an Weihnachten auf den Tisch kommt. Und auch viele Familien haben ihre eigene Tradition, was sie an Weihnachten essen. Da gibt es immer die gleichen Speisen. Offensichtlich möchte man das Fest in einer ganz besonderen Stimmung feiern. Man lässt sich bewusst Zeit für das Weihnachtsmahl. Kerzen schmücken den Tisch. Wenigstens an Weihnachten wollen wir das Geschenk der Mahlzeit erleben. Wir haben Zeit miteinander und füreinander. Wir genießen die Gaben, die uns geschenkt sind. Das hat auch eine tiefe spirituelle Bedeutung, wenn wir nicht nur oberflächlich die Dinge genießen, sondern tiefer sehen. Denn im guten Essen schmecken wir die Freundlichkeit und Güte Gottes. Gott lässt sich nicht nur in dem Kind in der Krippe schauen, sondern auch schmecken. Die Mystikerinnen des Mittelalters sprechen von der »dulcedo Dei«, von der Süße Gottes. Wir sprechen von einem süßen Kind. An Weihnachten haben wir das Bedürfnis, etwas Süßes zu essen, um die Liebe Gottes, die uns im Kind entgegenstrahlt, auch zu schmecken, damit sie unseren Leib stärkt und belebt und unsere Seele durchdringt und verzaubert.

Verheißung des Christbaums

Zu den alten Ritualen von Weihnachten gehört seit dem 16. Jahrhundert der geschmückte Tannenbaum. Die Tanne, die auch im Winter ihr grünes Kleid behält, ist ein altes Symbol für die göttliche Kraft des Lebens, das sich auch durch die Kälte des Winters nicht besiegen lässt. In der christlichen Tradition soll der Baum als immergrüner Baum und zugleich als Lichterbaum Christus in die Häuser bringen und alle Dämonen der Angst, der Feindschaft und der Eifersucht aus ihnen verbannen. Mitten im kalten und dunklen Winter will er Wärme und Licht in unsere Welt tragen.

Die Christen haben den Tannenbaum an Weihnachten als Paradiesbaum verstanden, von dem die »Früchte des Lebens« gepflückt werden. Die Früchte des Lebens werden in Äpfeln und Nüssen dargestellt, die seit alters an den Baum gehängt werden, oder auch durch Christbaumkugeln, die ein Bild für das Ganze und Heile des Paradieses sind. Der Christbaum ist so ein Reis vom Baum der Gnade, zu dem uns Gott in der Geburt seines Sohnes führt, damit sein Öl unsere Schmerzen lindere.

Der Baum verbindet auf der Ebene der Symbolik Himmel und Erde. Er ist tief in der Erde verwurzelt und zieht aus der Mutter Erde seine Kraft. Zugleich ragt er in den Himmel und entfaltet seine Krone nach oben. So ist er ein Bild des Menschen, wie er sein sollte, wenn er wie ein Baum verwurzelt ist und doch aufrecht steht wie ein königlicher Mensch mit einer Krone.

Im Christbaum sind einige Züge einer allgemeinen Symbolik von Bedeutung. Da ist einmal die Verbindung zwischen Himmel und Erde. An Weihnachten hat Gott die Grenze zwischen Himmel und Erde aufgehoben, da ist der Himmel mitten auf der Erde sichtbar erschienen. Dann hat sicher das Bild des abgehauenen Baumes, der wieder ausschlägt, Einfluss auf den Christbaum gehabt. Die adventliche Verheißung aus dem Buch des Propheten Jesaja, dass aus dem Baumstumpf Isais ein Reis hervorsprießt, wird hier bildlich dargestellt. Gerade dort, wo ich gescheitert bin, wo etwas in mir abgeschnitten wurde, wo ein Weg nicht mehr weiterging, da schenkt mir die Geburt Christi die Gewissheit, dass etwas Neues in mir aufbricht, dass etwas in mir heranwächst, was authentischer und schöner wird als alles Bisherige. Der Christbaum ist ein Bild dafür, dass durch die Geburt Christi das Leben in uns für immer siegt und sich durch keine Winterkälte verdrängen lässt, dass der Kampf der Geschlechter gegeneinander überwunden ist. Wenn Gott geboren wird, dann zählt der Gegensatz von Mann und Frau nicht mehr, dann sind alle eins in ihrer göttlichen Natur.

Die Tannenzweige des weihnachtlichen Schmuckes verbreiten einen ganz besonderen Duft. Wenn ich diesen Tannengeruch rieche, dann kommen Gefühle hoch, die ich als Kind an Weihnachten hatte. Da ist dann eine Ahnung, dass unser Haus, dass mein Zimmer durch die Geburt Christi anders geworden ist, dass Gott mir nahe kommt und in meinem Haus, in meinem Zimmer wohnt. Und weil das Geheimnis unter uns wohnt, können wir in unserem Haus daheim sein. In der

Tanne stellen wir die Wirklichkeit des Waldes, ja der Natur und der ganzen Schöpfung in unser Haus. Da wird der Zwiespalt von Natur und Zivilisation aufgehoben, da ahnen wir, dass wir auch in unseren Häusern teilhaben an der Kraft, die aus der Mutter Erde strömt. Durch die Menschwerdung Gottes wurde die ganze Schöpfung geheiligt. Und wir Menschen haben daran teil.

Familienfest

Wohl zu keiner anderen Zeit des Jahres sehnen sich die Menschen nach einer heilen Familie wie an Weihnachten. Die Erwartungen sind hoch. Und so stört jede Meinungsverschiedenheit sofort den Familienfrieden. Die Kinder spüren es, wenn Verlogenheit die Szene beherrscht. Eine heile Familie lässt sich auch nicht nur kurz an Weihnachten herstellen.

Das »Fest der Heiligen Familie« am Sonntag nach Weihnachten zeigt, dass die Bibel kein idyllisch-harmonisches Bild der Familie zeichnet. Die Schwierigkeiten, eine heile Familie zu sein, kommen in der Geschichte von Verfolgung und Flucht, aber auch in der Geschichte vom zwölfjährigen Jesus zum Ausdruck, der im Tempel mit den Schriftgelehrten diskutiert, ohne auf die Ängste der Eltern zu achten. Er ist nicht der brave Bub, der genau tut, was die Eltern von ihm wollen. Er hört auf das eigene Herz, und er tut das, was er darin als richtig erspürt, was er als Willen des Vaters erkennt.

Familie wird nur möglich, wenn sich ihre Mitglieder gemeinsam auf das Geheimnis einlassen, das sie übersteigt. Wenn sie an Weihnachten nicht um sich kreist, sondern das Fest und sein Geheimnis bewusst wahrnimmt.

Weihnachten will uns also keine heile Familie vorspiegeln, sondern es verheißt die Familie, die geheiligt wird, weil sie das Geheimnis Gottes in sich trägt und weil jeder in ihr sein eigenes Geheimnis hat. Nur wer sein eigenes Geheimnis und das Geheimnis seines Ehepartners und seiner Kinder im Herzen bewegt, kann sich in seiner Familie daheim fühlen. Daheim sein kann man nur, wo das Geheimnis wohnt. Weihnachten kann uns eine Ahnung davon geben, dass auch in unserer konkreten Familie das Geheimnis Gottes wohnt.

Wenn Trauer sich in die Freude mischt

Gerade weil Weihnachten so sehr mit starken Gefühlen und mit dem Gedanken an liebe Menschen verbunden ist, kann es vorkommen, dass im Vorfeld nicht Freude, sondern Trauer aufkommt. Menschen, die im vergangenen Jahr einen lieben Verwandten verlieren mussten, haben oft Angst, Weihnachten zu feiern. Gerade an diesem Fest vermissen sie die Verstorbenen besonders. Da fühlen sie sich alleingelassen. Manche Familien stellen bewusst eine Kerze unter den Christbaum als Zeichen, dass der Verstorbene nun auf andere Weise mit ihnen feiert. Sie zünden die Kerze an, um das Licht und die Wärme, die von der verstorbenen Mutter, vom verstorbenen Vater ausgegangen sind, jetzt an Weihnachten wieder neu zu spüren. Sie wollen gerade an Weihnachten die Gemeinschaft mit den lieben Toten erfahren und sich auch von ihrer Liebe getragen wissen. Dietrich Bonhoeffer berichtet, wie man in seiner Familie der Toten gedacht hat. Man hat einen Zweig vom Christbaum abgebrochen, um ihn auf die Gräber der verstorbenen Familienmitglieder zu legen. So drückten sie ihren Glauben aus, dass das unvergängliche Leben, das in der Menschwerdung Gottes sichtbar geworden ist, unseren Tod verwandelt. Es schenkt auch uns Anteil an der Unvergänglichkeit und Unsterblichkeit, die in Jesus aufgeleuchtet ist.

Schöner und herrlicher

Am Weihnachtstag verkündet uns die Liturgie die Weihnachtsfreude mit den Worten des Propheten Jesaja (52,9): »Brecht in Jubel aus, jauchzt alle zusammen, ihr Trümmer Jerusalems. Denn der Herr tröstet sein Volk, er erlöst Jerusalem.« Im Menschen Jesus baut Gott unsere Trümmer wieder auf. Oft genug haben wir das Gefühl, auf einem Trümmerhaufen zu sitzen. Unser Leben ist nicht so geworden, wie wir uns das vorgestellt haben. An Weihnachten formt Gott aus den Scherben unseres Lebens den neuen Menschen, der dem ursprünglichen Bild entspricht, das Gott sich von uns gemacht hat. Das ist Grund zum Jubel. Wir brauchen nicht mehr in der Asche unserer verbrannten Hoffnungen zu sitzen. Wir stehen auf und jauchzen. Denn in Jesus tröstet uns Gott und baut unser Lebenshaus wieder auf, schöner und herrlicher, als es je war.

Eine Botschaft der Freude

Göttliche Überraschungen

Matthäus beginnt sein Evangelium mit dem Stammbaum Jesu. Heute ist es wieder modern geworden, den eigenen Stammbaum zu erforschen. Die Menschen möchten sich der Wurzeln bewusst werden, aus denen sie leben. Es ist ihnen wichtig, dass sie in eine lange Geschichte hineingestellt sind und in sich Fähigkeiten tragen, die ihnen ihre Ahnen vermittelt haben. Matthäus hat in den Stammbaum vier Frauen aufgenommen, die etwas aus der Reihe tanzen. Es sind allesamt Ausländerinnen. Die fünfte Frau, die die normale Abfolge der Generationen durchbricht, ist dann Maria. Vier ist die Zahl der irdischen Elemente. Fünf ist die Zahl, die über diese Welt hinausweist und sie übersteigt. In Maria geschieht der Überschritt ins Göttliche. Die Geburt Jesu aus Maria verwandelt auch meinen Stammbaum, meine Herkunft. Gott selbst ist in meiner Stammesgeschichte wirksam gewesen und er ist es auch heute noch.

Ich bin nicht festgelegt durch meine Vergangenheit. Gott ist auch heute für Überraschungen gut, die meinem Leben eine ganz neue, eine göttliche Richtung geben.

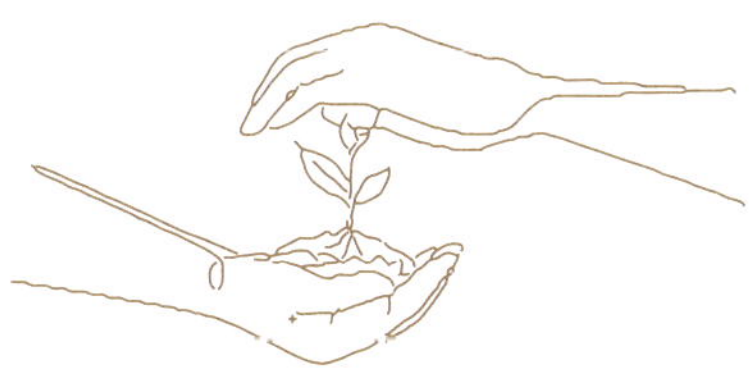

Erschienen ist die Güte

Jedes Jahr berühren mich die Worte aus dem Titusbrief, mit denen die Weihnachtsbotschaft verkündet wird: »Erschienen ist die Güte und Menschenfreundlichkeit Gottes, unseres Retters« (Titus 3,4). Im Lateinischen heißt es hier: »Apparuit humanitas dei.« Die Menschlichkeit, die Humanität Gottes, ist in Jesus für uns alle aufgeleuchtet. Als der katholische Philosoph Peter Wust 1941 im Sterben lag, schrieb er diese Worte an seine Schüler. Gegen die Inhumanität des Dritten Reiches setzte er die Menschlichkeit, die uns in Jesus erschienen ist. Auch heute ist es nötiger denn je, uns diese wahre »Humanitas« vor Augen zu halten, damit wir den Menschen nicht dem Kapital unterwerfen, ihn nicht verzwecken und ausbeuten. Wir feiern Weihnachten, damit diese Welt menschlicher wird, damit die Menschlichkeit sich gegen alle menschenverachtenden Tendenzen durchsetzt.

Das Gerade und das Krumme

Die Geburtsgeschichte, wie sie uns Matthäus erzählt, ist nicht so romantisch wie die bei Lukas. Das beginnt schon mit dem Stammbaum, in den Jesus hineingeboren wird. Der Stammbaum Jesu ist voller Brüche und Unregelmäßigkeiten. Vier ausländische Frauen bringen den Stammbaum völlig durcheinander. Jesus heilt die Unheilsgeschichte seines Volkes. Aber wir dürfen den Stammbaum auch persönlich auf uns beziehen. Unsere Lebensgeschichte ist oft von Brüchen und dunklen Stellen gekennzeichnet, von Familiengeheimnissen, über die man nicht spricht. Wenn sie im Dunkeln bleiben – so sagt die Psychologie –, dann wird unser Leben nicht gelingen, dann wird sich das Dunkle in unserer Familiengeschichte in unserer persönlichen Geschichte fortsetzen.

Matthäus beginnt die Erzählung der Geburt Jesu mit einem Konflikt. Und er wird in seinem Evangelium immer wieder aufzeigen, dass dieser Jesus vielen Konflikten ausgesetzt ist. Und auch unser Leben ist Konflikten ausgesetzt, wenn Gott in uns mehr und mehr Raum gewinnt. Josef gerät in einen Konflikt mit seiner Verlobten Maria, die schwanger ist, aber nicht von ihm. Nach jüdischem Recht hätte er sie anklagen müssen und sie wäre gesteinigt worden. Doch Josef ist gerecht. Er möchte nicht so sehr dem Buchstaben des Gesetzes gerecht werden als vielmehr dem Menschen. Er verbindet Gerechtigkeit und Barmherzigkeit miteinander. Um seine Verlobte nicht zu verklagen und zu beschämen, möchte er sie in aller Stille entlassen.

Doch in seine rein menschlichen Überlegungen tritt ein Engel des Herrn ein. Im Traum deutet er ihm das Geschehen. Maria ist nicht von irgendeinem Menschen her schwanger, sondern durch das Wirken des Heiligen Geistes. Gott selbst ist am Werk in dem Geschehen, das Josef nicht versteht und das auch unser Verstehen übersteigt. Der Engel behandelt Josef wie einen Freund Gottes, den er einweiht in die Pläne, die Gott mit ihm und mit der Welt hat. Der Engel erklärt Josef, woher das Kind stammt. Und er zeigt ihm, welche Sendung sein Sohn haben wird. Er wird sein Volk von seinen Sünden erlösen. Er wird es von den Verstrickungen befreien, in die es geraten ist. Und er wird auch unsere Lebensgeschichte mit seinen Brüchen und Dunkelheiten heilen.

Die Geburt Jesu aus Maria – so wie sie Matthäus versteht – will uns also die Augen öffnen, dass Gott auch auf krummen Zeilen gerade zu schreiben vermag. Gerade in Situationen, die wir verurteilen, kann Gott selbst etwas schaffen, was unsere menschlichen Überlegungen durchkreuzt. Gott handelt oft genug überraschend, anders als wir es uns erwarten. Wir haben uns unser geistliches Leben zurechtgelegt. Wir überlegen, wie wir Gottes Willen erfüllen können. Aber oft genug verwechseln wir Gottes Willen mit unseren eigenen Vorstellungen vom Leben. Da zeigt uns ein Traum einen ganz anderen Weg. Gott selbst spricht im Traum zu uns, um uns auf einen Weg zu weisen, der seinem Willen entspricht. Die Träume – so meint das Matthäusevangelium – sind der Ort, an dem ein Engel des Herrn auch zu uns spricht, um uns unser Leben zu deuten und um uns auf den Weg zu weisen, der zum wirklichen Leben führt. Wir sollen die Träume nicht nur anschauen, sondern ihnen auch Folge leisten, so wie es Josef immer wieder getan hat.

Vier Träume

Vier Träume berichtet uns Matthäus in der Geburtsgeschichte. In vier Träumen deutet der Engel dem Josef das Geschehen und zeigt ihm jeweils, was er tun soll. Und in den Träumen begleitet der Engel das Wachsen des göttlichen Kindes, damit es vor den äußeren Gefahren geschützt ist. Viermal deutet Matthäus das Geschehen durch den Bezug auf Worte des Propheten, die in Jesus in Erfüllung gehen. Das ist typisch für das Matthäusevangelium. Immer wieder bringt er die Formel: »Dies alles ist geschehen, damit sich erfüllte, was der Herr durch den Propheten gesagt hat.«

Als Jesus zum ersten Mal auftritt und seine neue Lehre verkündet, da erfüllt sich das Wort: »Das Volk, das im Dunkel sitzt, sieht ein großes Licht.«

Als Jesus Kranke heilt, erfüllt sich: »Er hat unsere Krankheiten weggetragen.« Und wenn Jesus mit den Sündern isst und trinkt, wird Wirklichkeit, was der Prophet vom Knecht Gottes sagt: »Er wird das geknickte Rohr nicht zerbrechen.«

Das erste Deutungswort ist: »Seht, die Jungfrau wird ein Kind empfangen, einen Sohn wird sie gebären, und man wird ihm den Namen Immanuel geben.« In Jesus setzt Gott einen neuen Anfang. Da greift er selbst in unsere Geschichte ein. In der Geburt Jesu tritt Gott in unser Leben ein. Und er wird uns nicht mehr verlassen auf unserem Weg. Matthäus beschließt sein Evangelium mit dem Wort des erhöhten Jesus: »Seid gewiss: Ich bin bei euch alle Tage bis zum Ende der Welt.«

In Jesus hat Gott etwas in Gang gesetzt, das für ewige Zeiten bleibt. Wir werden nie wieder allein gelassen. Dieser Jesus, in dem Gott mit uns ist, wird jeden Einzelnen durch alle Konflikte seines Lebens hindurch begleiten, bis im Tod die Welt für ihn zu Ende kommt und er erfahren darf, dass auch im Tod Gott mit ihm ist.

Träume werden wahr

Bei Matthäus haben die Träume um die Geburt Jesu eine entscheidende Bedeutung. Josef erkennt erst im Traum das Geheimnis seiner Braut und ihrer Schwangerschaft. Mit dem Verstand kann er nicht wahrnehmen, was da geschieht. Der Traum gibt ihm die richtigen Weisungen, wie er mit Maria und mit dem neugeborenen Kind umgehen soll. Auch die Magier hören auf ihre Träume. Der Stern und die Träume weisen ihnen den Weg zum neugeborenen Königssohn. Und im Traum erfahren sie, dass sie auf einem anderen Weg wieder heimkehren sollen.

Was an Weihnachten geschieht, ist wie ein Traum – kein Tagtraum, keine Illusion, sondern die Erfüllung all unserer Träume von einem erfüllten neuen Leben. Unsere Träume sprechen die gleiche Sprache wie Matthäus und Lukas, wenn sie von der Geburt Christi berichten. In unseren Träumen gibt es Kinder, die uns auf das Neue hinweisen, das in uns aufbrechen möchte. Da gibt es Sterne, die am Himmel leuchten und vom Himmel zu uns herabsteigen und uns eine Botschaft vermitteln. Da gibt es Könige und Hirten, da gibt es Ochs und Esel. In unseren Träumen gibt es auch die Jungfrau, die ein Kind gebiert. Es wird uns unmittelbar von Gott geschenkt. Das heißt nicht, dass die Bibel nicht Geschehenes erzählt. Aber sie erzählt es in einer Sprache, die der unserer Träume ähnelt. Wenn wir wie Josef unseren Träumen trauen, dann verstehen wir auch das Geheimnis von Weihnachten. Dann brauchen wir nicht mit unserem Verstand zu grübeln, wie das denn wirklich war damals in Betlehem. Das ist nicht so wichtig. Was uns die Träume sagen, wird Wirklichkeit. Gott wird Mensch, unser Leben wird verwandelt. Da geschieht ein neuer Anfang und unsere Nacht wird auf einmal hell. Da singen Engel ihre Lieder.

Weihnachten heißt auch: Träume werden wahr. Wir dürfen unseren Träumen aufs Neue trauen. Träume sind nicht nur Schäume. Sie zeigen, was wirklich in uns geschieht. Es ist immer wieder eine Botschaft der Freude: Gott selbst schafft in dir etwas Neues. Du bist Gott unmittelbar. Und wenn Gott tätig wird, heißt das auch: Du musst nicht alles selbst erarbeiten und brauchst nicht alles von anderen zu erwarten. In dir ist die Jungfrau, die das göttliche Kind gebiert. In dir ist ein neuer Anfang. Das ursprüngliche Bild, das Gott sich in deiner Geburt von dir gemacht hat, strahlt mitten in der Nacht deines Lebens so hell auf wie ein Stern. Du bist etwas Einmaliges und Besonderes. Auch in dir geschieht das Wunder der Weihnacht.

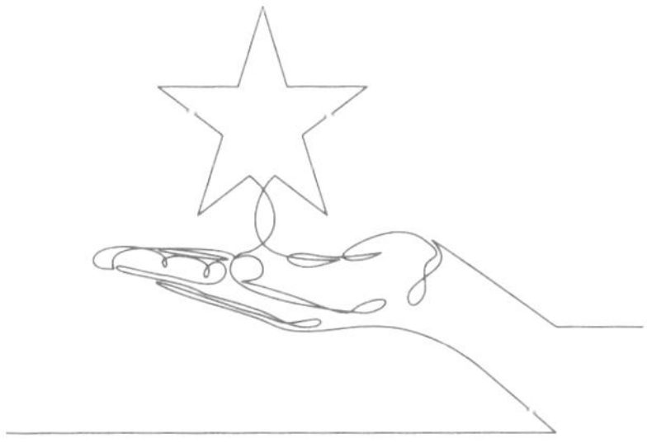

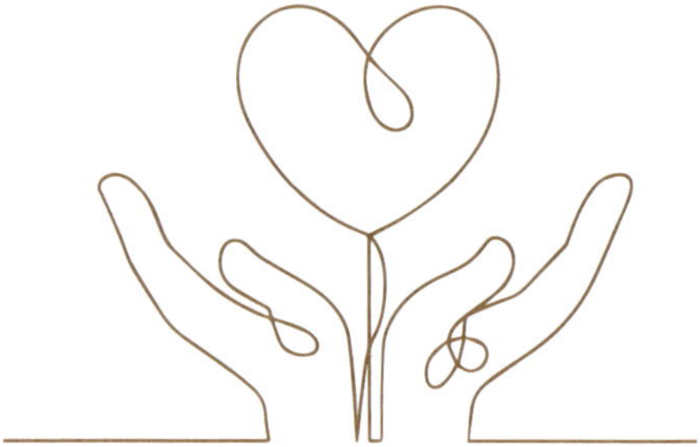

Eine Nähe, die heilt

Das zentrale Wort in der Erzählung des Evangelisten Matthäus von der Geburt Jesu ist »Immanuel«: Gott ist mit uns. In Jesus ist Gott mit uns und für uns. Er geht mit uns unsere Wege. Es gibt keinen Ort mehr, an dem wir allein sind, weder eine Krankheit, noch ein Leidensweg, der uns nicht genauso wie Jesus treffen kann. Das ganze Geschick Jesu ist von diesem Wort »Immanuel« zusammengehalten. Der auferstandene Herr tröstet beim Abschied mit diesem Wort: »Seid gewiss: Ich bin bei euch alle Tage bis zum Ende der Welt« (Matthäus 28,20). Alles, was Jesus widerfährt und was auch uns widerfahren kann, sollen wir im Licht dieser Zusage sehen. Dann weicht von uns alle Furcht. Und die Freude über Gottes heilende und liebende Nähe kann in unser Herz einziehen.

Fleisch geworden

Gott ist nicht nur Mensch geworden: Jesus hat unser Fleisch angenommen, aber er hat es durchsichtig für Gottes Herrlichkeit gemacht. Gott ist Fleisch geworden. Das heißt: Er begegnet uns dort, wo wir uns müde gearbeitet haben, wo wir voller Kraft sind, wo wir zärtlich sind, in unserem Hunger und in unserem Durst.

»Nach dir schmachtet mein Leib wie dürres, lechzendes Land ohne Wasser«, sagt der Psalmist (Psalm 63,2). Die Verheißung von Weihnachten ist: Wenn Gott die Sehnsucht deines Leibes erfüllt, dann wird er aufblühen. Wenn Gott dein Fleisch verwandelt, dann wird es zu einer Perle, in der sich Gottes Licht in dieser Welt spiegelt. Dann trägst du in deinem Leib – wie es ein Kirchenvater ausdrückt – »die kostbare Perle, dieses Bild des unaussprechlichen Lichtes, das der Herr ist«.

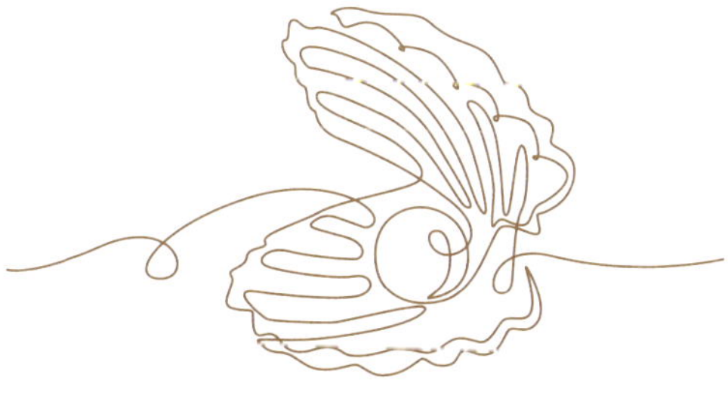

Das Weihnachtsgeheimnis

In einem Stall, mitten in der Nacht, wird das Kind geboren. Und der Glanz des Engels umstrahlt die Hirten, denen die frohe Botschaft von der Geburt des Retters verkündet wird. Johannes beschreibt uns das Geheimnis der Menschwerdung Gottes in dem geheimnisvollen Satz: »Und das Wort ist Fleisch geworden und hat unter uns gewohnt.« Es hat unter uns sein Zelt aufgeschlagen und in ihm haben wir Gottes Herrlichkeit gesehen, »die Herrlichkeit des einzigen Sohnes vom Vater, voll Gnade und Wahrheit«. Gott hat sich in das hinfällige und sterbliche Fleisch hineinbegeben. Er hat seinen göttlichen Keim in unsere Sterblichkeit eingepflanzt. Er hat es gewagt, in das schwache, der Vergänglichkeit unterworfene Fleisch zu kommen, damit wir ihn dort finden, wo wir sind. In unserer Schwachheit erfahren wir so Gottes Kraft, in unserer Sterblichkeit seine Unsterblichkeit und in unserer Dunkelheit seine Herrlichkeit. Ein Gebet drückt das Weihnachtsgeheimnis nüchtern und doch zugleich in einer Sprache aus, die uns anrührt: »Allmächtiger Gott, du hast den Menschen in seiner Würde wunderbar erschaffen und noch wunderbarer wiederhergestellt. Lass uns teilhaben an der Gottheit deines Sohnes, der unsere Menschennatur angenommen hat.«

An Weihnachten bekennen Christen, dass Gott den Menschen wunderbar erschaffen hat. Als Gott den Menschen schuf, sah er, dass alles sehr gut war. Er hat uns nach seinem Abbild geschaffen, als Mann und Frau. Doch wir Menschen haben dieses reine Bild Gottes in uns

verdunkelt. Da sandte Gott seinen Sohn, um dieses Urbild wieder in seiner wahren Schönheit aufleuchten zu lassen. In Jesus erscheint für uns sichtbar der Mensch, wie Gott ihn ursprünglich gedacht hat, ohne Verbiegung, ohne die Trübungen unserer heftigen Emotionen, ohne die Verfälschung durch Maßlosigkeit und Gier.

Gerade in unserer Zeit haben wir es nötiger denn je, dass uns Gott in Jesus das wahre Bild des Menschen vor Augen führt. Denn in den Medien werden uns andere Menschenbilder angepriesen: das Bild des Erfolgreichen, des Coolen, der auf nichts Rücksicht nimmt, der sich durchsetzt, das Bild des kalten Rechners oder das Bild geistloser Selbstdarsteller. In Jesus leuchtet das Bild des liebenden Gottes auf, der es wagt, nicht in Kraft und Stärke, sondern in der Hilflosigkeit eines Kindes zu erscheinen.

Unser Leben ist anders geworden. Wir haben nicht nur die Herrlichkeit göttlichen Lebens im Antlitz Jesu gesehen, sondern wir sind hineingenommen in die Menschwerdung Gottes. Unsere Natur ist anders geworden. Sie ist erfüllt worden mit göttlichem Leben, mit göttlicher Kraft und göttlichem Licht. Das war für die Griechen die frohe Botschaft von Weihnachten. Wir sind nicht mehr nur die sterblichen und hinfälligen, der Krankheit und dem Tode unterworfenen Menschen. Wir haben in uns einen unvergänglichen Keim, das göttliche Leben. Wenn wir in uns hineinschauen, stoßen wir nicht nur auf die Verletzungen unserer Lebensgeschichte, nicht nur auf die eigenen Gedanken und Gefühle, sondern auf dem Grund unserer Seele auf göttliches Leben, auf göttliche Liebe, auf göttliche Klarheit und Schönheit.

Dass wir mit göttlichem Leben erfüllt werden, das ist für die Griechen unsere Heilung, unsere Befreiung und unsere Erlösung. Dieses Leben heilt unsere Wunden. Es gibt uns die Kraft, uns von Abhängigkeiten zu befreien, selber zu leben, anstatt gelebt zu werden. Es erlöst uns von der Leere und Sinnlosigkeit unseres Daseins. Es gibt unserem Leben einen neuen Geschmack. Es ist – so sagt uns die Weihnachtsbotschaft – der Geschmack von Liebe und Frieden.

Der Stall

Christus wurde im Stall geboren. Für den Tiefenpsychologen C. G. Jung ist das ein wichtiges Symbol. Er meint, wir sollten immer daran denken, dass wir nur der Stall sind, in dem Gott geboren wird. Wir sind nicht der Palast, nicht das neu erbaute und schön eingerichtete Haus, nicht das behagliche Wohnzimmer.

Jeder von uns verbindet mit dem Stall andere Erfahrungen und Gefühle. Eine Frau erzählte, dass sie als Kind nach der Schule immer sofort in den Stall ging. Dort hat sie sich daheim gefühlt. Der Stallgeruch vermittelte ihr ein Gefühl von Heimat und Geborgenheit.

Im Stall sind Tiere, die einfach da sind. Da ist Leben, da geschieht immer wieder Geburt, aber da ist auch Sterben, da sind auch Sorgen. Im Stall ist der Alltag mit seinen Höhen und Tiefen. Die Kinder spüren eine Nähe zu den Tieren. Die Tiere lassen sich streicheln, lassen etwas an sich geschehen. Sie sind geduldiger als Menschen. Sie hören zu, was die Kinder ihnen erzählen. Und im Stall ist immer gleichmäßige Wärme. Die Tiere wärmen auch im Winter den Stall mit ihrer Körpertemperatur.

Der Stall ist nicht blank geputzt. Da liegen Mist und Unrat, vermischt mit Stroh und Heu. Der Stall wird zwar immer wieder gereinigt, aber stets sammelt sich von Neuem der Mist an. Der Mist dient als Dung für die Felder. Das ist ein Bild für unser Inneres: Auch unser Herz ist nicht rein und sauber, nicht keimfrei. Da hat sich so mancher Unrat angesammelt. Alles, was wir verdrängt haben, liegt da unter der

Oberfläche verborgen und fault vor sich hin. Und gerade dort, wo all der »Mist« in uns liegt, will Gott in uns geboren werden.
Wir können Gott keine saubere Stube anbieten, sondern nur den schmutzigen Stall unseres Herzens. Das ist uns peinlich. Aber es befreit uns von dem Wahn, als ob wir die Gottesgeburt durch Perfektion verdienen müssten. Gott will in uns geboren werden, weil er uns liebt, nicht weil wir ihm etwas vorweisen können.
Wir dürfen darauf vertrauen, dass wir gerade so, wie wir sind, für Christus Wohnstatt sein dürfen, der Stall, in dem er für uns und für diese Welt geboren wird.

»Ich steh an deiner Krippen hier«

Lukas beschreibt bei der Geburt Jesu die Futterkrippe, in die er gelegt wurde: Maria »wickelte ihn in Windeln und legte ihn in eine Krippe, weil in der Herberge kein Platz für sie war« (Lukas 2,7). Diese Krippe ist ein Bild für die Armut des Kindes, in dem Gottes Herrlichkeit aufleuchtet. Künstler haben die Krippe in den verschiedensten Formen dargestellt. Im Osten ist es oft eine steinerne Krippe, die wie ein Sarg aussieht. Und das Kind ist gewickelt wie ein Leichnam. Offensichtlich weist hier die Krippe auf das Grab Jesu hin, in dem Jesus von Neuem geboren wurde – in der Auferstehung. Erst dort ist der Tod für immer überwunden. Christi Geburt ist die Ursache, dass wir im Tod zum jenseitigen Leben wiedergeboren werden. Menschwerdung, Passion und Auferstehung gehören zusammen. Wenn Paul Gerhardt dichtet: »Ich steh an deiner Krippen hier, o Jesus, du mein Leben«, dann ist das keine Idylle, aber es ist auch ein Bezugspunkt der Hoffnung des Beters, wenn er in einer weiteren Strophe betet: »Ich lag in tiefer Todesnacht, du warest meine Sonne.« Dietrich Bonhoeffer hat über dieses Lied in der Gefängniszelle Tegel meditiert und am 4. Advent 1943 an seinen Freund Eberhard Bethge geschrieben: »Es ist in jedem Wort ganz außerordentlich gefüllt und schön, ein klein wenig mönchisch-mystisch ist es, aber doch gerade nur so viel, wie es berechtigt ist; es gibt neben dem Wir doch auch ein Ich und Christus, und was das bedeutet, kann gar nicht besser gesagt werden als in diesem Lied.«

Einer von uns

Das Kind in der Krippe zeigt, dass Jesus schon in seiner Geburt solidarisch geworden ist mit den Armen dieser Welt, dass er uns vor allem im Antlitz armer Menschen aufscheint. Jesus wird in eine Krippe gelegt, die das Futter für die Tiere enthielt. Weil die Menschen ihn nicht aufnehmen, liegt er dort, wo die Tiere ihre Nahrung bekommen. Aber die Tiere treten ihm ihre Krippe ab. Sie nehmen ihn auf. Dagegen drücken sich Menschen, die zu viel überlegen, mit ihren Reflexionen oft vor der Hilfe. Andere helfen, ohne viel nachzudenken. Es ist wie ein Reflex. Es ist selbstverständlich, dass sie zupacken, wenn einer in Not ist. Sie sehen den Mensch gewordenen Gottessohn in jedem, der der Hilfe bedarf, ohne dass sie sich darüber Rechenschaft ablegen.

Ochs und Esel

Seit es Geburtsdarstellungen Jesu gibt, sind Ochs und Esel immer dabei, obwohl die beiden Tiere bei Lukas nicht erwähnt sind. Sie sind in verschiedener Weise gedeutet worden. Gregor von Nyssa († 394) deutet sie so: Der Ochse steht für das jüdische Gesetz, an das er gebunden ist wie an ein Joch. Der Esel ist Symbol für die Heiden. Denn er trägt die Last des Götzendienstes. Zwischen Ochs und Esel liegt das göttliche Kind, das sowohl Juden wie Heiden von ihrem Joch und ihrer Last befreit. Eine symbolische Deutung ist durchaus sinnvoll – und natürlich auch für andere Interpretationen offen. Da ist zum einen das Bild, dass die Tiere ein Gespür für Christus haben, während sich die Menschen vor lauter Argumenten den Blick für das Geheimnis der Menschwerdung verstellen. Die Tiere würden wir heute wohl eher tiefenpsychologisch verstehen, nämlich als Symbol für die Trieb- und Instinktnatur des Menschen. Unsere Triebe und Instinkte verstehen manchmal eher das Geheimnis der Verwandlung, das in der Menschwerdung Gottes in Jesus Christus sichtbar geworden ist. Triebe können in Geist verwandelt werden, Instinkte in Weisheit.

Wer seine Triebe und Instinkte unterdrückt, wer nur aus dem Kopf lebt, weil er vom Kopf aus alles steuern und bestimmen will, der lebt an seinen Möglichkeiten vorbei, der bleibt sich selbst entfremdet, in dem kann nichts Neues geboren werden. Ohne Triebe und Instinkte gibt es keine Lebenserneuerung, keine Neugeburt. Ochs und Esel an der Krippe laden uns

dazu ein, unsere Kopflastigkeit abzulegen und uns demütig den Tieren in uns zuzuwenden. Sie sind dem göttlichen Kind näher als unser Kopf, der über das Kind lediglich nachdenkt, anstatt es zu erkennen.
Instinkt und Geistnatur gehören beide zur Ganzheit des Menschen und stehen zueinander in einer geheimnisvollen Beziehung. Ohne sie kann der Mensch nicht zu seinem Selbst finden. Wenn Ochs und Esel das göttliche Kind mit ihrem Atem wärmen, dann wird darin bildhaft ausgedrückt, dass das Naturhafte und Instinkthafte im Menschen den Geist wärmen und nähren kann, dass das Geistige in uns ohne das Vitale kalt wird und erstarrt.
Ochs und Esel sagen auf der Ebene des Symbols auch dies: Triebe und Instinkte sind nicht nur positive Kräfte. Sie können auch das Träge, Verhärtete, Sture des Gesetzes und die Last des Götzendienstes symbolisieren. Der Ochs, der stur vor sich »hinstiert«, und der Esel, der unter der Last zusammenbricht, sind Bilder für Lebenshaltungen, die wir alle kennen. Wir gehen oft stur unseren Weg, ohne nach rechts und links zu blicken. Und wir laden uns zu viel auf, weil wir kein Maß kennen. Christus wird als Kind in unsere Gesetzesfrömmigkeit hineingeboren. Ein Kind hat kein Gespür für Gesetzlichkeit. Es wirft mit seiner spontanen Liebe alle Gesetze über den Haufen. Und ein Kind hat kein Gespür für die Last des Götzendienstes, für die Anstrengungen unserer selbst gewählten Askese, durch die wir meinen, Gott zu uns herabzwingen und unser Ego zum Götzen machen zu können. Das Kind nimmt alles leicht. Statt uns Lasten aufzubürden, weist es uns ein in die Leichtigkeit des Seins. Von Weihnachten geht beides aus: Spontaneität der Liebe und Leichtigkeit des Seins.

Krippenfrömmigkeit

Als Kind war für mich die Vorstellung, dass das Kind in der Krippe liegt, immer etwas Romantisches, Idyllisches, etwas, das ein Gefühl von Heimat und Geborgenheit hervorgerufen hat. Damals haben wir Krippen gebastelt. Und wir legten Strohhalme hinein, wenn wir eine gute Tat vollbracht hatten, damit der Gottessohn weicher liegen konnte. Das war sicher sehr kindlich gemeint. Aber es brachte auch zum Ausdruck, dass wir selbst dem göttlichen Kind eine Krippe bereiten, dass wir in unserem Herzen einen Ort schaffen, in dem Gott geboren werden kann. Unser Herz ist die eigentliche Krippe.

Es gibt nicht nur die kindlichen Wiegenlieder. Die Hirtenmusik bei Händel, Bach, Corelli, Manfredini nimmt den Wiegenrhythmus auf. Für mich gehört es heute zum Weihnachtsritual, zur Arie des Weihnachtsoratoriums »Schlafe, mein Liebster, genieße der Ruh« die Hände über der Brust zu kreuzen und mich hin- und herzuwiegen. Da kommt eine Ahnung hoch, dass das göttliche Kind in meinem Herzen wie in einer Krippe liegt. Im Wiegen bringe ich mein Herz zur Ruhe. Ich spüre etwas von der Geborgenheit und Zärtlichkeit, die von diesem Kind in der Krippe ausgeht. Da breitet sich ein tiefer Friede in mir aus. Und ich ahne, dass in meinem Herzen die Liebe selbst wie ein zartes Kind liegt. Indem ich das göttliche Kind in mir wiege, macht es mich selbst liebevoller.

Auch wem dieses Wiegen zunächst fremd scheint, der kann es doch einmal versuchen und sehen, ob es nicht doch guttut und in einen tiefen Frieden und in eine zärtliche Liebe hineinführt und ihm die Erfahrung von Geborgenheit vermittelt.

Platz in der Herberge

Maria legte Jesus in eine Krippe, »weil in der Herberge kein Platz für sie war« (Lukas 2,7). Für mich hat seit meiner Kindheit das Wort »Herberge« einen eigenen Klang. Es vermittelt mir etwas von Geborgenheit und Heimat. Das deutsche Wort meint ursprünglich einen Ort, der das Heer bergen kann. »Bergen« kommt von »Berg« und heißt »in Sicherheit bringen, auf einer Fluchtburg unterbringen, bewahren«. Herberge ist also ein Ort, an dem das Heer, das in den Krieg zieht, in Sicherheit lagern kann, an dem es geschützt ist vor dem Feind. Das ist ein schönes Bild für unsere innere Wirklichkeit. Die Herberge ist Verheißung, dass ich mit meinem inneren Heer, mit all den streitsüchtigen Kräften in mir, zur Ruhe komme, dass ich mich vom Kampfe ausruhen darf. Es ist die Ahnung, dass die vielen miteinander im Kampf liegenden Mächte einander in Ruhe lassen. In jedem von uns steckt eine Sehnsucht, dass der ewige Kampf in uns doch einmal aufhören möge, dass wir Ruhe finden und das Leben genießen dürfen, ohne ständig achtzugeben, ob uns ein Feind am Leben hindern möchte.

Die Herberge ist ein Ort, der dieser Sehnsucht entspricht, an dem ich mich bergen kann, an dem ich geborgen bin, an dem ich daheim bin. Herberge ist auch eine Unterkunft für Fremde, ein Ort, an dem wir auf unserem Weg unterkommen können, ein Obdach finden, einen schützenden Raum, in dem wir vor Wind und Wetter, aber auch vor feindlichen Menschen geschützt sind. So verweist das Wort auf unser Pilgerdasein. Wir sind wie Maria und Josef auf dem Weg, und wir sind in der Fremde.

Wir sind Pilger, die hier keine bleibende Stätte haben. Aber dennoch dürfen wir erwarten, dass wir immer wieder auf Menschen treffen, die uns eine Herberge anbieten, bei denen wir eine Zeit lang geborgen und daheim sein dürfen. Aber die Herberge ist kein Haus, in dem wir immer bleiben können. Geborgenheit und Ungeborgensein, in dieser Spannung müssen wir leben. Jede Herberge, in der wir auf unserem Weg Heimat finden, weist hin auf die ewige Herberge im Himmel. In der Liturgie der Messe für Verstorbene singen wir: »Wenn die Herberge der irdischen Pilgerschaft zerfällt, ist uns im Himmel eine ewige Wohnung bereitet.« Jede Herberge ist Heimat nur auf Zeit, nie für immer. Für immer werden wir erst daheim sein, wenn Gott uns aufnimmt in die ewige Wohnung. Es wird keine Herberge mehr sein, aus der wir weiterziehen, sondern ein Haus, in dem wir für immer zu Hause sein werden.

Die Sicht der Hirten

Hirten sind nach dem Zeugnis des Evangeliums die ersten Zeugen für die Geburt des Messias. Nicht den Mächtigen und nicht den Schriftgelehrten wird die Botschaft von dem neugeborenen Messias verkündet, sondern den Hirten. Das Bild der Hirten ist keineswegs nur romantisch oder positiv. Von Rabbi Jose ben Chanina stammt das Wort, es gebe »keine verächtlichere Beschäftigung in der Welt als die des Hirten«. Auf diesem Hintergrund betont die Verkündigung an die verachteten Hirten die Armut des göttlichen Kindes. Gerade für all die Menschen, die sich selbst verachten, gilt die Botschaft von der Geburt Christi. Sie dürfen mitten in ihrer Selbstverachtung darauf setzen, dass Gott sich in der Geburt seines Sohnes gerade ihnen zuwendet und ihnen eine »große Freude« verkündet. Gerade für sie öffnet sich der Himmel, und die Engel Gottes umgeben sie mit ihrem Glanz und ihrer zärtlichen Liebe. Gegenüber der negativen Sicht der Hirten gibt es aber sowohl in der jüdischen als auch der griechischen Tradition ein positives Bild des Hirten. Die Patriarchen waren Hirten, ebenso Mose und David. Gott selbst ist der Hirte, der uns auf guter Au weidet (vgl. Psalm 23). Ja, Gott verheißt dem Volk die Geburt des messianischen Hirten (vgl. Micha 5). Die Griechen kennen das Motiv, dass Hirten den königlichen Säugling entdecken. Vergil meint, dass Gott das Geheimnisvolle oft den Hirten offenbare. Origenes übernimmt diese Sicht des Vergil: Er glaubt, die Engel hätten zuerst den Hirten die frohe Botschaft verkündet, weil sie unverdorben seien

und so für Gottes Wort empfänglich. In vielen Kulturen ist der Hirte Bild für eine umsichtige und fürsorgliche Vaterfigur.
Wenn ich mich an meine Kindheit zurückerinnere, dann lösten die Hirten in mir eher das Gefühl von Ehrfurcht aus. Die Hirten halten Nachtwache. Sie trauen sich in die Nacht. Sie haben keine Angst vor Räubern und wilden Tieren. Sie wachen, während die anderen Leute schlafen. Sie sind vertraut mit der Nacht, mit dem Dunklen und Geheimnisvollen. Sie schützen die Schafe vor Löwen und Wölfen. Behüten ist etwas Mütterliches. Die Hirten sorgen für ihre Schafe und bewachen sie. Jesus selbst hat sich ja als guten Hirten bezeichnet, der sein Leben hingibt für seine Schafe und der sie alle einzeln kennt (Johannes 10,11.14). Die Hirten sind nicht nur vertraut mit der Nacht, sie sind auch näher an der Natur. Sie haben ein Gespür für das Vitale. Daher sind sie offener für das Geheimnis der Gottesgeburt mitten in der Nacht und mitten unter den Tieren.

Hirtenmusik

Hirtenlieder gehören zu Weihnachten. Die Weihnachtskonzerte von Corelli und Manfredini, die Sinfonia im Weihnachtsoratorium von Bach und die Pastorale im »Messias« Händels erinnern mit ihrem Siziliano-Takt an die Musik der Hirten in den Abruzzen. Es klingt in ihnen etwas Wiegendes an. Die Musik vermittelt Geborgenheit und Liebe. Die Hirtenmusik zeichnet die Hirten als Menschen, die etwas vom Leben verstehen, sie sind fähig zur Intimität der Liebe. Weil sie der Liebe näherstehen, erkennen sie in der Geburt Christi das Geheimnis der göttlichen Liebe. So verwundert es nicht, dass sich die Engel an die Hirten wenden und ihnen die Geburt des Messiaskindes verkünden. Sofort machen sie sich auf den Weg, »um das Ereignis zu sehen, das uns der Herr verkünden ließ« (Lukas 2,15). Und als sie das Kind und die Mutter gesehen hatten, kehrten sie zurück und lobten Gott. Die Künstler haben die Anbetung der Hirten besonders liebevoll gestaltet. Da falten sie ihre schwieligen Hände zum Gebet, da hellen sich ihre manchmal derben Gesichter auf. Die Krippendarstellungen aller Völker haben eine Vorliebe für die Hirten, die das, was sie besitzen, mitbringen, um es dem Kind in der Krippe zu schenken. In diesen Hirten können wir uns noch heute wiederfinden, wenn wir unsere Hände dem göttlichen Kind hinhalten, unsere abgearbeiteten und verletzten Hände, unsere zärtlichen Hände, auch die leeren Hände, denen alles entglitten ist. Wir brauchen keine Gaben, keine Leistungen. Die leeren Hände genügen. Das ist die Botschaft der Hirten auf den Weihnachtsbildern – für uns heute.

Weihnachtsengel

Engel spielen in der Weihnachtsgeschichte eine wichtige Rolle. Der Engel Gabriel verkündet Maria die Geburt eines Sohnes. Ein Engel überbringt den Hirten die frohe Botschaft: »Heute ist euch in der Stadt Davids der Retter geboren; er ist der Messias, der Herr« (Lukas 2,11). Und ein himmlisches Heer von Engeln stimmt das weihnachtliche Lied an: »Ehre sei Gott in der Höhe und Friede den Menschen auf Erden«. Ein Engel kommt im Traum immer wieder zu Josef und erklärt ihm, was geschehen ist und wie er darauf reagieren soll. Die Weihnachtsbilder sind ohne Engel nicht vorstellbar.

Engel verkünden den Menschen Gottes Wort und zeigen ihnen Gottes helfende und heilende Nähe an. Sie greifen ein in ihr Leben, schützen sie vor Gefahren, behüten sie auf ihren Wegen und sprechen im Traum zu ihnen. Engel verbinden Himmel und Erde miteinander. Sie öffnen für uns den Himmel, und sie geben unserem Leben einen himmlischen Glanz.
Als der Engel des Herrn zu den Hirten trat, da umleuchtet sie der Lichtglanz Gottes. Gottes Herrlichkeit umstrahlt sie. Ihr Leben wird heller und heiler. Aber die Engel sind im Lukasevangelium nicht die niedlichen kleinen Kinder mit Flügeln. Die Reaktion der Hirten ist Furcht, Betroffenheit, Erschrecken. Sie spüren im Engel Gottes glanzvolle, aber auch mächtige Gegenwart. Doch der Engel nimmt ihnen die Furcht. Er verkündet ihnen eine große

Freude. Engel sind Boten der Freude. Sie bringen in unseren oft tristen Alltag etwas von der Freude, die in Gottes heilender Nähe ihre eigentliche Quelle hat.
Neben dem mächtigen Verkündigungsengel erscheint nun »ein großes himmlisches Heer, das Gott lobte« (Lukas 2,13). Die Engel verbinden Himmel und Erde miteinander. Sie heben die Grenze auf, die uns hier auf Erden von der himmlischen Herrlichkeit trennt. Die Engel verrichten den liturgischen Dienst im Himmel. Sie loben allezeit Gott. Wenn wir Menschen Gottesdienst feiern, dann öffnet sich auch für uns der Himmel, und wir nehmen teil an der himmlischen Liturgie. Die Kunst hat das himmlische Heer der Gott preisenden Engel als eine Schar von kindlichen Engeln dargestellt, die aus vollem Herzen singen und mit allerlei Instrumenten spielen. Die weihnachtlichen Engelbilder atmen den Hauch von Leichtigkeit, Freude, Lust am Leben. Die Kunst hat hier einen wichtigen Aspekt der Engel zum Ausdruck gebracht. Engel öffnen uns den Himmel und heben die Erdenschwere auf. Sie lassen uns teilhaben an der Leichtigkeit des Seins. Sie vermitteln Lust am Leben, eine kindliche Freude, dass wir sind, dass wir vor Gott sein und ihn loben dürfen. Sie drücken Zustimmung zum Sein aus, Einverständnis mit unserem Leben, das durch Gott heil wird und hell.

Was die Engel verkünden

Als Jesus in Betlehem geboren wurde, verkündeten die Engel den Frieden. Dieser Friede ist nicht nur ein innerweltlicher Friede, sondern er hat seine Wurzeln in der Herrlichkeit Gottes, die sich in der Menschwerdung seines Sohnes auf die Erde herabgesenkt hat. Der Friede, den Christus durch seine Geburt uns bringt, bedeutet nicht nur das Vermeiden innerweltlicher Kriege. Er meint vielmehr ein Heilsein des ganzen Menschen in allen seinen Bezügen. Er meint, dass ein Mensch ganz einverstanden mit sich sein kann, weil er sich von Gott ganz und gar geliebt weiß. Durch die Geburt Gottes als Kind kann der Mensch mit sich selbst in Einklang kommen. Da spürt er, dass Menschsein nicht mehr Entfremdung, Abgeschnittensein vom göttlichen Wurzelgrund ist, so wie Plato es gesehen hat. Wenn Gott Mensch wird, dann kann der Mensch sich selbst vorbehaltlos bejahen, dann entdeckt er seine göttliche Würde. Und dieses Einverstandensein mit sich ermöglicht uns auch den Frieden mit der Schöpfung und den Frieden mit anderen Menschen. Sie sind nicht mehr unsere Feinde. Wenn sie uns befeinden, wünschen wir ihnen den gleichen Frieden, den wir in unserem Herzen erfahren.

Frieden auf Erden

Dass auf der Erde Friede sei, ist der zentrale Weihnachtswunsch. Nicht nur in den Festreden ist davon die Rede, auch in der weihnachtlichen Liturgie ist Frieden das zentrale Thema. Schon die erste Weihnachtsvesper beginnt mit der Antifon »Rex pacificus« (»Friedenskönig«). Die Engel loben Gott auf dem Hirtenfeld mit dem weihnachtlichen Gesang: »Ehre sei Gott in der Höhe und Friede auf Erden den Menschen seiner Gnade« (Lukas 2,14). Durch die Geburt Jesu wird der Lichtglanz, der Gott im Himmel gebührt, auf Erden sichtbar. Und wenn Gottes Herrlichkeit unter uns Menschen erscheint, dann ist die Kluft zwischen Gott und Mensch aufgehoben, dann ist Friede zwischen Gott und Mensch. Und dieser Friede ermöglicht auch den Frieden unter den Menschen. Denn nur der sich selbst und Gott entfremdete Mensch ist unfähig zum Frieden. Sobald er mit sich zufrieden ist und mit Gott im Frieden lebt, wird er auch mit seinen Brüdern und Schwestern Frieden halten.

Der Friede von Weihnachten ist kein bloßer Appell an unseren guten Willen, wir sollten uns doch vertragen. Vielmehr ermöglicht uns die Menschwerdung Gottes wahren Frieden. Wenn Gottes Liebe unsere menschliche Natur durchdringt, dann spüren wir: Es gibt nichts in uns, das nicht von göttlicher Liebe und Klarheit durchdrungen ist. Alles in uns ist von Gott angenommen, erfüllt von seiner zärtlichen Liebe, die in dem Kind in der Krippe aufleuchtet. Wenn wir daran glauben, dann erleben wir uns anders. Dann müssen wir nicht friedlich tun, weil das zu Weihnachten gehört, dann schafft Weihnachten in uns Frieden und Versöhnung.

Ich bin bei dir in deiner Nacht

Wenn Matthäus die Geschichte Jesu immer wieder mit Worten aus der Schrift deutet, dann zeigt er auch uns einen guten Weg, wie wir mit unserem Leben umgehen sollen. Wir verstehen oft nicht, was uns geschieht. Manches erscheint uns dunkel. Es widerspricht unseren Vorstellungen vom Leben und von Gott. Da sollten wir in der Bibel lesen und in dem, was wir lesen, eine Deutung für unser Leben entdecken.

Die Worte der Bibel verstehen, heißt: mein eigenes Leben besser verstehen. Nehmen wir die Worte, mit denen Matthäus die Geburt Jesu deutet: Dort, wo wir nicht weiterkommen, wo wir uns in Überlegungen und Grübeleien verstricken, da zeigt Gott einen Weg auf, den wir mit unserem Verstand nicht gefunden hätten. Da verheißt er auch uns ein göttliches Kind, das in uns geboren wird und uns in Berührung bringt mit dem ursprünglichen und unverfälschten Bild, das Gott sich von uns gemacht hat. Wir sind nicht festgelegt durch unsere Vergangenheit. Gott eröffnet uns eine neue Zukunft. Und dort, wo wir auf uns geworfen sind und keinen Ausweg finden, gilt die Verheißung: Gott ist mit dir. Gerade in dieser verfahrenen Situation deines Lebens ist Gott mit dir.

Gerade jetzt, da du dich nicht auskennst vor lauter Ungewissheit über die Zukunft, jetzt, da alles in dir durcheinandergeraten ist, darfst du die Zusage Gottes für dich in Anspruch nehmen: »Ich gehe mit dir durch alle Dunkelheiten und Einsamkeiten, durch alle Brüche deines Lebens, durch deine Verzweiflung und dein Versagen. Ich bin bei dir, auch wenn du selbst nicht mehr bei dir bist, weil du dich nicht aushalten kannst. Ich bin bei dir in deiner Nacht, damit auch deine Nacht zur geweihten Nacht, zur Weihnacht wird.«

Das Wunder des Neuen

In der Stille in mir geboren

Für mich gehört es zur Feier der Weihnacht, dass ich nach unserer gemeinsamen Feier in der klösterlichen Gemeinschaft drei Stunden für mich meditiere, mir einen Teil des Weihnachtsoratoriums anhöre und in die Stille hineinhorche. Denn ich weiß, dass Gott nur in der Stille in mir geboren werden kann. Am zweiten Sonntag nach Weihnachten singen wir im Eingangslied der Messe: »Als tiefes Schweigen das All umfing und die Nacht bis zur Mitte gelangt war, da stieg dein allmächtiges Wort, o Herr, vom Himmel herab, vom königlichen Thron« (Weisheit 18,14 f.).

Gott wird nur dann in mein Herz hinabsteigen, wenn es still geworden ist. Die Gottesgeburt geschieht im innersten Raum des Schweigens. Ich kann durch mein Schweigen Gott nicht zu mir herabzwingen. Aber das Schweigen ist die Voraussetzung, dass ich Gott in mir wahrnehme. Im Schweigen steige ich selbst hinab in meine eigene Tiefe. Und der Weg in diese Tiefe geht hindurch durch die Nacht meiner Dunkelheit, durch die Nacht meiner Angst und meiner Einsamkeit. Da verlasse ich meinen königlichen Thron, auf dem ich sicher throne und von dem aus ich das Leben lenke und bestimme. Da neige ich mich hinab bis zum Grund meiner Seele. Denn nur dort kann Gott in mir geboren werden. Nur in der Tiefe meines Herzens, zu der der Lärm der Oberfläche nicht mehr durchdringt, will Gott in mir Mensch werden.

Gottesgeburt im Herzen

Die Mystiker sprechen nicht nur von der immer wieder neuen Geburt als Weg zu uns selbst, sondern auch von der Gottesgeburt in der menschlichen Seele. An Weihnachten feiern wir in der Geburt Jesu auch die Gottesgeburt in unserem Herzen. Wenn Gott nicht in uns geboren wird, bleiben wir uns selbst entfremdet. Angelus Silesius hat das so ausgedrückt: »Wird Christus tausendmal in Betlehem geboren und nicht in dir, du bleibst noch ewiglich verloren.« Für Meister Eckehart vollzieht sich die Gottesgeburt so: »Im innersten Wesen der Seele, im Fünklein der Vernunft, geschieht die Gottesgeburt. In dem Reinsten, Edelsten und Zartesten, was die Seele zu bieten vermag, da muss es sein: in jenem tiefen Schweigen, dahin nie gelangte eine Kreatur noch irgendein Bild.«

In diesem Raum des reinen Schweigens, der unberührt ist vom Lärm der Welt, unberührt von den vielen Gedanken und Emotionen, die uns ständig überwältigen, will Gott in uns geboren werden. Unser Leben wird dann wahrhaft neu und heil und hell.

Fest der Geburt

Wir feiern an Weihnachten eine Geburt: die Geburt des göttlichen Kindes, aber auch unsere eigene Geburt. Die Geburt eines Kindes ist seit jeher ein Geheimnis für die Menschen gewesen. Das deutsche Wort Geburt kommt von gebären, das »tragen, hervorbringen, zur Welt bringen«, aber auch »ertragen, aushalten« bedeutet. Mit dem Wort Geburt sind auch »Bahre« und »Bürde« verwandt. Hier zeigt schon die Sprache an: Geburt und Tod gehören zusammen. Wir werden geboren, um zu sterben. Und Sterben heißt zugleich: neu geboren werden. In den frühen Darstellungen der Geburt Jesu ist Maria immer erschöpft vor Schmerzen. Seit dem 14. Jahrhundert konnten sich viele Fromme nicht mehr vorstellen, dass Maria Jesus genauso unter Schmerzen geboren hat wie jede andere Frau. So beschreibt der Verfasser der »Meditationes Vitae Christi«, ein Franziskaner, Maria habe sich bei der Geburt an eine Säule gelehnt, und das Kind habe den Mutterleib ohne Schmerzen verlassen. Ähnlich hat es die heilige Birgitta in einer Vision gesehen. Es ist verständlich, dass die Menschen mit der Geburt Christi auch die Hoffnung verbunden haben, dass es doch auch eine Geburt ohne Schmerzen geben müsse, dass Gott selbst den schmerzlichen Prozess unseres eigenen Geborenwerdens verwandeln möge.

Neues, zartes Leben

Zu unserem Geburtsvorgang gehören Einsamkeit, Fremde, Nacht, Schmerzen. Immer wenn in uns etwas Neues geboren wird, tut es zuerst weh. Wir möchten so weiterleben wie bisher. Wir möchten das Neue im Leib zurückhalten. Wir spüren zwar, dass wir schwanger sind, dass sich da etwas Neues anbahnt, aber wir haben Angst davor, dass das Neue durchbricht. Es könnte ja nicht verstanden werden. Es könnte das Schicksal des göttlichen Kindes teilen, für das kein Raum in der Herberge war. Wir wissen nicht, wie sich das Neue anfühlt. Wir spüren nur, dass das Alte so nicht mehr weitergeht.

Zugleich aber liegt in der Geburt die Verheißung, dass alles in uns neu wird. Das ist die eigentliche Verheißung von Weihnachten: Neues Leben entsteht in uns. Es ist bei der Geburt noch ganz zart. Aber es wird sich genauso kraftvoll in uns durchsetzen wie das Kind in der Krippe.

Wunder des Neuen

Das Bild von der Geburt meint: Wir müssen nicht alles erarbeiten, Gott selbst wirkt in uns Neues. Die Bibel sagt uns, dass wir immer wieder neu geboren werden müssen, dass wir schmerzliche und lustvolle Geburtsvorgänge unser Leben lang erfahren werden, bis wir im Tod für immer in Gott hinein geboren werden. Erinnern wir uns an das Wort Jesu zu Nikodemus: »Wenn jemand nicht von Neuem geboren wird, kann er das Reich Gottes nicht sehen« (Johannes 3,3). Ohne Neugeburt sind wir unfähig, zu dem zu werden, zu dem Gott uns berufen hat. Ohne Neugeburt können wir das Reich Gottes nicht schauen, können wir nicht eins werden mit Gott, können wir nicht zu uns selbst kommen. Reich Gottes heißt ja, dass Gott in uns herrscht, dass wir ganz frei sind von Menschenmacht und ganz wir selber sind. Auf unserem spirituellen Weg bedarf es immer wieder der Neugeburt, in der alte Muster zerbrechen und das reine und ursprüngliche Bild Gottes in uns klarer hervorkommt. Bei der Geburt sind wir noch nicht getrübt durch die Bilder und Erwartungen, die andere uns überstülpen. Wir sind noch das reine und ursprüngliche Bild, das Gott sich in uns ausgedacht hat. Wir sind noch frei, die Zukunft selbst zu gestalten. Unser Leben liegt noch vor uns. Die Wege sind noch nicht abgeschritten. Es ist wie eine Landschaft, die im Neuschnee liegt. Wir sind frei, unsere ureigenste Spur einzugraben.

Gott kommt als Kind

Weihnachten heißt: Gott ist nicht als erwachsener Mensch zu uns gekommen, sondern er wird als schwaches und hilfloses Kind aus dem Schoß einer Frau geboren. Das Kind ist auf die Hilfe seiner Mutter und seines Vaters angewiesen. Es erfährt Liebe, Zuwendung, Zärtlichkeit. So wächst es langsam heran. Einem Kind darf man sich nicht laut nähern. Nur wer leise ist, wird seinem Wesen und seinem Geheimnis gerecht.

Du kannst über Gott nicht mit lauten Worten sprechen, sondern nur so zart und leise wie zu einem Kind. Einem Kind führst du keine klugen Reden, du gebrauchst nur Worte, die aus dem Herzen kommen. So wirst du Gott nur begegnen, wenn du ihm dein Herz öffnest. Kinder können staunen. Sie sind offen für das Neue. Sie wollen lernen, selbst erkunden, was das Leben ist. Sie verlassen sich nicht nur auf andere. Kinder lassen sich ein. Sie können sich beim Spielen vergessen. Sie sind fähig, sich von ganzem Herzen zu freuen. Sie können ganz im Augenblick sein, ohne sich von Zwängen und Erwartungen stören zu lassen. Sie gehen mit offenem Herzen auf die Menschen zu, ohne Nebenabsichten, ohne Vorurteile. Sie trauen ihrem Gefühl. Sie tun das, was sie von innen her erspüren. Weihnachten lädt uns ein, wieder zu werden wie ein Kind.

Fröhlicher Neubeginn

In unseren Träumen taucht manchmal ein Kind auf. Das Kind ist in der Symbolsprache des Traumes immer ein Bild dafür, dass etwas Neues in uns heranwächst. Es steht hier für das unverfälschte und ursprüngliche Bild, das Gott sich von uns gemacht hat. Manchmal träumen wir, dass wir ein verletztes Kind auf dem Arm haben oder dass wir das Kind herunterfallen lassen. Wir vergessen es und lassen es irgendwo alleine stehen. Dann will uns der Traum ermahnen, sorgfältiger und bewusster mit dem Kind in uns umzugehen. Wir ahnen, wer wir sind. Aber dann fallen wir doch in die alten Rollen und Muster hinein. Wir verletzen das Kind in uns. Das Kind ist im Traum auch Symbol für einen neuen Anfang. Der tiefste Kern der Weihnachtsfreude liegt gerade darin: An Weihnachten setzt Gott einen neuen Anfang. Wir sind nicht festgelegt durch unsere Lebensgeschichte, durch die Verletzungen der Vergangenheit, durch die Muster der Selbstverletzung, die wir übernommen haben, und durch das Zerbrechen unserer Lebensträume. Wir dürfen den alten Traum von einem erfüllten Leben aufs Neue träumen. Wir dürfen noch einmal von Neuem beginnen. Die Vergangenheit kann uns nicht mehr davon abhalten, dass Gott alles in uns verwandelt und erneuert. So hat es Papst Leo in einer Weihnachtspredigt ausgedrückt: »Heute kann ich von Neuem beginnen, da Gott in mir als Kind geboren wird.« Es ist nie zu spät, anzufangen. Weihnachten will dazu ermutigen, die Last der Vergangenheit abzuschütteln und fröhlich und getrost einen neuen Anfang zu wagen.

Das innere Kind

Die Psychologie spricht heute vom inneren Kind, das jeder von uns in sich trägt. Jeder wurde als Kind verletzt oder in seinen Erwartungen nach bedingungsloser Liebe enttäuscht. Als Erwachsene müssen wir mit dem verletzten Kind in Berührung kommen und für es Verantwortung übernehmen, indem wir für es sorgen und seine Wunden verbinden. Aber wir dürfen nicht beim verletzten Kind stehen bleiben, sondern sollen uns von ihm zum göttlichen Kind führen lassen, das auch in jedem von uns ist. Das göttliche Kind ist ein Bild für das wahre Selbst. Es weiß genau, was für uns stimmt. Es hat uns schon in der Kindheit Wege gezeigt, wie wir mitten in der Fremde, im Ungeliebtsein und Unverstandensein, einen Ort fanden, an dem wir unverletzlich waren. Weihnachten will an das göttliche Kind in uns erinnern. Es hält mitten in der Kälte und Fremde dieser Welt an meiner Einmaligkeit und Einzigartigkeit fest. Es vertraut darauf, dass es etwas Göttliches gibt, das nur durch mich ausgedrückt werden kann. Das ist die Botschaft von Weihnachten: Im Grunde deines Herzens trägst du ein göttliches Kind. Wenn du auf dein Herz hörst, dann spürst du genau, was für dich gut ist, was für dich stimmt und was du nur übernimmst, weil andere es dir gesagt haben. Nur wenn du mit dem göttlichen Kind in dir in Berührung kommst, wird dein Leben authentisch, und es bekommt etwas von der Leichtigkeit, die Kinder auszeichnet. Du darfst als verletztes Kind dem göttlichen Kind vertrauen, der Spur, die dich auch heute zum Leben und zum wahren Glück führt. Das ist die frohe Botschaft des Kindes in der Krippe – des in unser Menschenleben gekommenen Gottes.

Werde Mensch

Wir feiern an Weihnachten die Menschwerdung Gottes. Die Kirchenväter betonen immer wieder, dass Gott Mensch geworden ist, damit wir Anteil an Gott bekommen. Papst Leo drückt es in seiner Weihnachtspredigt so aus: »Christ, erkenne deine Würde! Du bist der göttlichen Natur teilhaftig geworden, kehre nicht zu der alten Erbärmlichkeit zurück, und lebe nicht unter deiner Würde!« Das fordert uns heraus, unserer göttlichen Würde entsprechend zu leben. Gott ist aber auch Mensch geworden, damit wir aufhören, wie Gott sein zu wollen. Wir dürfen den Mut haben, hinabzusteigen in unsere Menschlichkeit und Erdhaftigkeit. Wir sind von der Erde genommen. Nur wer seine Erdhaftigkeit akzeptiert und sich mit ihr aussöhnt, nur wer zur Erde hinabsteigt, kann zum Himmel emporsteigen.

Nach innen geht der Weg

Für Augustinus führt der Weg der Menschwerdung nicht nur nach unten, sondern auch nach innen. Der Weg nach innen ist für ihn der Weg der Selbsterkenntnis durch innere Einkehr. Aber zur Forderung »Erkenne dich selbst« tritt für Augustinus ein zweiter Schritt der Menschwerdung hinzu: »Liebe dich selbst.« Erkennen und lieben sind eng miteinander verbunden. Wir können uns selbst nicht erkennen, wenn wir uns nicht lieben, und nur die Liebe lässt uns tiefer in uns eindringen und erkennen, wer wir in Wahrheit sind. Sich selbst zu lieben ist etwas anderes, als um sich selbst zu kreisen. Das ist die Einladung des Kindes in der Krippe: Liebe dich selbst, geh liebevoll mit dir um, versöhne dich damit, dass du so bist, wie du bist. Es braucht das Lächeln eines Kindes, um sich selbst annehmen und lieben zu können, den feinen Humor eines Menschen, der in seinem Herzen noch Kind geblieben ist. Wer sich zu ernst nimmt, der muss sich entweder groß machen und als wichtige Persönlichkeit gebärden, oder aber er verachtet sich selbst und macht sich kleiner, als er in Wirklichkeit ist. Sich selbst lieben heißt, sich so lieben, wie man geworden ist, und so zu werden, wie Gott uns ausgedacht hat.

Neues will aufbrechen

Wenn wir das Geheimnis der weihnachtlichen Zeit für unser alltägliches Leben meditieren und auf die Botschaft dieses Festes hören, dann werden wir immer eine Botschaft der Ermutigung vernehmen: Trau dem göttlichen Kind in dir, auch wenn es so klein erscheint. Trau den inneren Stimmen, die dir sagen, dass du wertvoll und einmalig bist, dass du dich nicht damit zufriedengeben sollst, dich nur abzusichern und dich einzurichten. In dir will immer wieder Neues aufbrechen. Die Ahnungen deiner Träume, die leisen Impulse, die in deinem Herzen in der Stille auftauchen, weisen dir den Weg deiner Menschwerdung. Du wirst nicht Mensch, wenn du mit deinem Ego alles kontrollieren willst, sondern nur dann, wenn du dem göttlichen Kind in dir Raum gibst, wenn du immer wieder dem Neuen, das Gott in dir wirken möchte, einen schützenden Raum schenkst. Auch in dir wird der Messias geboren, der dich zu einem freien Menschen macht, zu einem königlichen Menschen, zum wahren Selbst, zum einmaligen und einzigartigen Bild, dem Gott gerade in dir sichtbaren Ausdruck verleihen möchte.

Das Neue ist schon da

Es geht eine Faszination und ein eigener Glanz aus vom Neuen, Unverfälschten, Unberührten. Einen neuen Anfang setzen, das heißt, dass das Neue im Inneren schon da ist. In uns ist der Geist Gottes, der uns in jedem Augenblick erneuert und Neues in uns bewirkt. Wenn ich in der Stille in mich hineinhorche, dann ahne ich, was da an neuen Möglichkeiten in mir aufbricht. Es tauchen neue Ideen auf, die Ahnung, Neues zu wagen, neue Verhaltensweisen einzuüben. Ich muss nicht alles neu machen, ich soll vielmehr dem Neuen trauen, das schon in mir ist. Es braucht Achtsamkeit, damit das Neue, das Gott in jedem Augenblick in mir wirkt, auch wachsen und Gestalt annehmen kann. Die zweite Bedeutung des neuen Anfangs wird sichtbar, wenn wir die Wörter »anfangen« und »beginnen« genauer anschauen. »Anfangen« kommt von »anpacken, anfassen, in die Hand nehmen«. Weihnachten sagt uns: Wenn du neu anfangen willst, musst du dein Leben selbst in die Hand nehmen. Statt zu jammern, dass du festgelegt bist durch deine Erziehung, durch deine Veranlagung, durch dein Schicksal, musst du die Verantwortung für dein Leben übernehmen und es in die Hand nehmen. Du kannst in jedem Augenblick neu anfangen. Du musst nur dein Leben, so wie es ist, annehmen, anfassen und formen. Das Wort »beginnen« bedeutet ursprünglich »urbar machen«. Beginnen ist mühsam. Da erscheint dein Leben wie ein Land voller Disteln und Steine, von Gehölz und Unkraut übersät, chaotisch, unfreundlich. Wenn du es urbar machen willst, musst du dir erst einmal ein Feld abstecken. Bald nach Weihnachten beginnt ein neues Jahr. Es kann vom Geheimnis der Weihnacht her ein neues Licht auf dein Leben werfen: Du kannst nicht das ganze Land deines Lebens in einem Jahr urbar machen. Entscheide dich, welches Stück deines Landes du in diesem Jahr urbar machen möchtest. Vielleicht ist es der Bereich deiner Beziehungen oder deiner Arbeit oder deines Lebensstils. Und dann gehe daran, das Verwachsene auszureißen, damit dein Boden Frucht bringen kann, damit Neues darauf wachsen kann. Gott wird einen neuen Samen auf dein Feld legen. Deine Aufgabe ist es, es urbar zu machen, damit der Same aufgeht und Neues, Ungeahntes, Unerwartetes, Wunderbares in dir zur Blüte kommen kann.

Liebe, die das Leben verzaubert

Schon an den römischen Neujahrstagen war es üblich, Beamten und angesehenen Persönlichkeiten Glückwünsche darzubringen. Wir wünschen uns »frohe und gesegnete Weihnachten« oder »Gottes Segen zum neuen Jahr«. Wir wünschen einander Gutes.
Das deutsche Wort »wünschen« kommt entweder aus der Kriegssprache oder von der Nahrungsmittelsuche und meint: »umherziehen, streifen, nach etwas suchen oder trachten, etwas erringen, gewinnen«. Wir ziehen umher, um das zu finden, was wir zum Leben brauchen. Wir trachten danach, dass wir gewinnen, dass unser Leben gelingt. Das steckt in jedem Wunsch. Wünschen hängt auch zusammen mit »lieben, gern haben«. Das germanische Wort für Freund »wini« hat die gleiche Wurzel wie »wünschen«. Einem anderen etwas zu wünschen ist daher Ausdruck von Freundschaft, Zuneigung und Liebe. Fragen wir uns an Weihnachten und zu Beginn eines neuen Jahres: Was wünschen wir wirklich? Was brauchen wir? Wonach trachten wir, was möchten wir gewinnen? Wenn wir alle unsere Wünsche zulassen, entdecken wir oft genug, dass wir eigentlich dankbar sein dürfen für das Leben, das Gott uns geschenkt hat. Im Wünschen steckt die Ahnung, wir könnten uns und unsere Welt von Neuem erschaffen. Aber zugleich spüren wir, dass diese Welt, dass unser Leben gar nicht so schlecht ist, wie wir es oft genug darstellen. Wenn ein Wunsch das Herz der Menschen erreicht, dann drückt sich in ihm Liebe aus: eine Liebe, die das Leben des anderen verzaubern kann.